古典歳時記

吉海直人

角川選書
606

古典歳時記

目次

第三部　夏

第四部　秋

第五部　冬

第六部　京都文化

はじめに

今からもう三十年も前のことですが、同志社女子大学に日本語日本文学科を新設するので来ませんかと誘われました。平安文学を専攻していた私は、即座にその話をお受けしました。東京の方が情報量などは断然多いので、研究には便利だったのですが、やはり平安文学を専攻するのであれば、京都の空気を吸ってみたいと思ったからです。

でも赴任した当初は、京都府綴喜《つづき》郡にある京田辺学舎勤務だったので、京都とはいえ行政区画も郡だったし、バス（奈良交通）も銀行（南都銀行）もほとんど奈良文化圏でした。幸い二十年後に学科ごと今出川学舎に移転したので、ようやく京都の空気を毎日吸うことができるようになりました。

私が奉職している同志社女子大学は、同志社女学校として旧 柳原前光《やなぎはらさきみつ》邸（現在の京都迎賓館の敷地の一部）で産声をあげました。なんと京都御苑の中に学校があったのです。その後、御苑の整備計画に伴い、北側の二条邸跡に移転することになりました。これもすごいことで、全国の大学の中で旧摂関家の邸宅跡に立地しているのは同志社女子大学だけです。

私は毎朝奈良から京都へ出勤しています。地下鉄今出川駅（同志社前駅）で下車し、御所の北側の道を東に向かって歩きます。するとすぐ左側に冷泉《れいぜい》家の立派な門が見えてきます。さらに進むと信号があり、左に相国寺《しょうこくじ》の門、右に今出川御門を見ながら横断歩道を渡ります。その途中、時には九兵衛《きゅうべえ》（紀州犬）の散歩をしている冷泉さんに会って、立ち話をすることもあります。授業時間を割いて、学生と一緒に御所見学や下鴨神社見学、葵祭《あおいまつり》見学・時代祭見学なども気軽に行っています。日本の古典を研究する私にとって、こんなに恵まれた職場にいることをつくづくありがたいと思い、日々感謝して研究を続けています。

そんな中で、『源氏物語』や『百人一首』の講義のついでに、京都の年中行事や歳時記（気候・食べ物・動植物など）に触れることがしばしばありました。せっかくいい環境にいるのだから、学生たちにも教室での座学だけでなく、外へ出て京都文化の良さを肌で味わってもらいたいからです。それを文章にまとめて大学のホームページの教職員のコラムに掲載してきました。

ふと気がつくと、コラムがたくさん蓄積されていました。そこにさらに面白そうなテーマを選んで書き足し、一冊の本にできる分量にしてみました。これは学生だけでなく、先生方の日々の授業にも話の枕として使えるのではないか、また一般の人にも日本の四季や年中行事のことを知ってもらえるきっかけになるのではないかと思って、出版することを思いたった次第です。

書名は最初から「古典歳時記」にしたいと考えていました。もちろん俳句の歳時記（季語辞典）ではありません。もっと広い意味での歳時記ですが、俳句を作っている人の参考にもなるはずです。構成は春夏秋冬の四季別にまとめています。本書を日本の四季や、そこから発展した古典文化、ひいては京都文化の案内書としてお読みいただければ幸いです。本書は現代版『枕草子』ともいえそうです。

なお、本書は私が面白い、書いてみたいと思ったテーマをまとめたものです。執筆するに当たって様々な本から知識を収集しましたが、それを咀嚼し再構築して書いているので、参考文献の掲載は省略させていただいたことをお断りしておきます。

第一部　正月

『都名所図会』(国立国会図書館蔵)

日本の「暦」について

最初は古い日本の暦《こよみ》についてお話しします。みなさんは旧暦と新暦の違いをどの程度ご存じですか。そこで簡単な質問です。第一問、日本の旧暦は太陰暦だった、これは○でしょうか×でしょうか。正解は×です。日本の旧暦は純粋な太陰暦ではなく、複合的な太陰太陽暦でした。

これは月の満ち欠けを基本とした太陰暦に太陽暦の二十四節気を組み合わせたものです。こうすることによって太陰暦で生じる誤差を、適宜閏月《うるうづき》を補入することで修正しています。この「閏月」の存在が旧暦の最大の特徴といえます。というよりも、太陽暦の方がずっと早く作られているので、太陰暦にも応用できたわけです。その意味でも太陰太陽暦は、決してレベルの低い暦ではありませんでした。

では第二問。日本には古くから日本独自の暦があった、○ですか×ですか。正解はこれも×です。日本では天文学的な算術がなかなか発達しなかったので、長く中国の暦を借用していました。平安時代には、遣唐使が中国の皇帝から授かってきた宣明暦《せんみょうれき》が使われていたのです。もちろん中国の都長安と日本の京都では緯度も経度もかなり違っているので、そのまま使うにはかなり無理があります（日食などはずれてしまいます）。

日本では、陰陽寮《おんみょうりょう》の暦博士《れきはかせ》が暦の管理を行っていました。毎年、宣明暦をもとに具注暦《ぐちゅうれき》という暦を作成し、それを貴族に配付していたのです（私的な暦は作成禁止でした）。有名な藤原道長の日記『御堂《みどう》関白記』も、藤原定家の日記『明月記』も、この具注暦に書き込まれた日記（備忘録）です。

こうして日本では、中国の宣明暦がずっと江戸時代まで、なんと八百年以上も使い続けられてきました。幸い江戸時代に算術が飛躍的に進歩しました。そこで第三問、日本で作られた最初の暦は貞享暦《じょうきょうれき》である、○ですか×ですか。正解はやっと○です。貞享二年（一六八五年）に至って、ようやく日本にマッチした暦が作られました。岡田准一主演の映画「天地明察」は、その暦作成をテーマにしたものです。その後、改良版の宝暦暦や寛政暦、天保暦《てんぽうれき》も作られています。

そもそも中国の暦を使わせてもらうということは、日本が中国の属国（従属国）であることの表明でもありました。ところが、日本には属国という意識がほとんどなかったようです。その後、明治維新による文明開化の中で、遂にグレゴリウス暦（太陽暦）への移行が行われました。ここで第四問、日本が太陽暦に改暦したのは明治元年である、○ですか×ですか。正解は×です。改暦が行われたのは明治五年十二月三日でした。中途半端ですね。そしてその日が新暦では明治六年一月一日になったのです。ですから明治五年は一年が一ヶ月ほど短いことになります。

この改暦によって、旧暦で行われていた年中行事は、新暦に従って行われることになりました。しかし新暦と旧暦では約一ヶ月ずれていますから、現在でも違和感が拭《ぬぐ》い去られていません。それもあって、我が家には毎年旧暦のカレンダーが掛けてあります。これだと満月がいつかすぐわかります。なんと二〇一八年は、一月と三月に満月が二回見られました。

暦のずれは最初の立春にも及んでいます。ここで第五問、正月と立春は一致している、○ですか×ですか。正解は×です。旧暦だと正月前後に立春が来ていました。むしろ一致することは滅多にありません。「年内立春」というのは、正月前に立春が来てしまうことです。平安時代の歌人・在原元方《ありわらのもとかた》はそのことを面白がって、

年の内に春は来にけり一年《ひととせ》をこぞとや言はん今年とや言はん

と詠《うた》っています。これは『古今集』の一番歌ですから、もちろんただの戯れ歌ではありません。当時の人々は、春の訪れ（立春）が一日でも早いことを望んでいたのです。

「初夢」と「宝船」

早速質問です。あなたは新年初めて見る夢のことを「初夢」だと思っていませんか。残念ながらそれは誤りです。元日の夜に夢を見ても、それは「初夢」とはいいません。これは年中行事の一つですから、ちゃんと決まりがあるのです。現代では、正月二日の夜に見る夢のことを「初夢」といっています。この初夢については、江戸時代から既に二日の夜に定着していたのですが、明治になって改暦が行われたことで、旧暦と新暦で一ヶ月ほど誤差が生じてしまいました。それ以降多くの年中行事は、新暦（一ヶ月前倒し）で行うか、旧暦（一ヶ月遅れ）で行うかという二者択一を迫られることになりました。初夢については、新暦になってもそのまま正月二日に行われているわけです。

その初夢に付き物の宝船の刷り物に関しては、旧暦で配布しているところが少なくありません。特に京都で宝船の刷り物を授与している神社仏閣は、一ヶ月遅れの二月三日の節分の日に頒布しています。一つの行事が新暦になって初夢と節分という二つの行事に引き裂かれてしまったのです。なんだか奇妙ですね。

その理由は旧暦と新暦のずれにありました。太陰太陽暦では新年と立春がずれることが多いのですが、もともと初夢は立春の前夜に見るものであって、決して正月の行事ではなかったのです。言い換えれば大晦日《おおみそか》に見るのが初夢だったのです。そして旧暦の大晦日に当たるのが節分（鬼やらい）だったので、宝船は旧暦の節分に引きずられていることになります。

ところで、京都市下京区《しもぎょうく》松原通西洞院《にしのとういん》西入にある五條《ごじょう》天神社をご存じですか。ここは古くから医薬の神として信仰されていました（いわゆる菅原道真《すがわらのみちざね》の天神社・天満宮とは別物です）。また弁慶と義経が出会ったところとしても有名です。この五條天神社で授与されている宝船の刷り物は、日本最古のものとされています。図案の一つは、舟に稲穂が乗っているだけの簡素なものです。稲は豊穣《ほうじょう》のしるしですが、病除《よ》け・厄除けのご利益もあるということで、五條天神社の宝船を求める参詣者《さんけい》は今も少なくありません。

なお別の図案には、夢を食べる獏《ばく》と「長き夜の遠《とお》の眠りのみな目覚め波乗り船の音の良きかな」という歌が添えられています。何のことかわからないかもしれませんが、これは回文（前から読んでも後ろから読んでも同じ）になっており、呪歌《まじないうた》として宝船に広く用いられているものです。本来初夢には、いい夢を見て新しい一年を幸せに乗り切りたいという人々の願いが込められていました。そこで枕の下に宝船の刷り物を入れて寝ると、いい夢が見られると信じられていました。そのため多くの神社仏閣で宝船が授けられているのです。昔は宝船を売り歩く人もいました。

万一悪い夢を見たら、翌日宝船の刷り物を川に流せば厄祓《やくばら》いになるとされています。また宝船の中に描かれている獏が、悪い夢を食べてくれるともいわれています。ありがたい刷り物ですね。さてみなさんはどんな夢を見たいですか。一般には「一富士二鷹《たか》三茄子《なすび》」といわれていますが、それに続けて「四扇五煙草六座頭」ともあります。どうぞいい夢を見ていい一年にしてください。

「七草粥」の由来

一月七日は「七草粥《ななくさがゆ》」の日です。昔はそのために野原に出て「若菜摘み」を行っていました。最近は手軽にスーパーで「七草セット」を求めることができますから、便利な世の中になったものです。その分、ちょっと味気ないかもしれませんが。ではなぜみなさんはこの日に「七草粥」を食べるのでしょうか。今回はその由来を繙《ひもと》いてみましょう。

日本の年中行事のほとんどは、中国から伝わったもののようです。「七草粥」にしても、一月七日（五節句の一つ「人日《じんじつ》」）に「七種菜羹《しちしゆさいこう》」を食べる風習が六世紀頃にはあったようです。年中行事について記された『荊楚《けいそ》歳時記《さいじき》』には、

正月七日、人日と為《な》し、七種菜を以《も》つて羹《あつもの》と為す

と記されています。それが日本に伝わって、「七草粥」が食べられるようになったというわけです。そのことは『枕草子』の中に、

七日、雪間の若菜摘み、青やかに、（三段）

七日の日の若菜を六日人の持て来、さわぎ取り散らしなどするに、（一三一段）

などとあることからも察せられます。

もともと冬の寒い時期ですから、栄養（ビタミン）の補給が根底にありました。そこに無病息災や邪気祓いの願いも付与されています。かなりこじつけですが、「せり」は「競り勝つ」、なずなは「撫《な》でて穢《けが》れを除く」、「ごぎょう」が「御形」で仏様のお体、「はこべら」は「繁栄がはびこる」、「ほとけのざ」はそのまま「仏の御座」、「すずな」は神様を招く「鈴」菜、「すずしろ」は「汚れなき清白」を意味し、それを食べることによって健康や幸福を祈ったのです（『源氏物語』の若菜巻にしても、長寿を祈る儀式）。

中国ではその日、官吏の登用が行われていたことから、立身出世の祈願も込められていました。日本でも古くから縁起物の「若菜摘み」が行われていたようです。百人一首で有名な光孝天皇の、

君がため春の野に出《い》でて若菜摘む我が衣手に雪は降りつつ（古今集二一番）

がその好例です。もっともこの頃は宮廷貴族の行事であり、まだ一般庶民の年中行事としては広まっていませんでした。

その「若菜摘み」が徐々に一般庶民に浸透していくうちに、「七草」が定められていきました。ただし鎌倉時代までは中国同様「七草羹」（吸い物）にしていたようです。それとは別に「七草（種）粥」もありましたが、材料は米・あわ・小豆《あずき》・きび・ひえ・ごま・みの（ムツオレグサ）などの穀物が主体でした。要するにある時期まで「七草羹」と「七草粥」の二種類が並存していたのです。これが混同される中で、「羹」が「粥」に変化し、現在のような「七草粥」になったのは室町時代頃とされています。

ところでみなさんは「春の七草」を覚える歌を知っていますか。それは、

せりなずなごぎょうはこべらほとけのざすずなすずしろこれぞ七草

です。残念なことに、この歌の成立はよくわかりません。一説には『源氏物語』の注釈書である『河海抄』（四辻善成《よつつじよしなり》著・南北朝成立）の若菜巻の注が原点といわれていますが、そこに和歌は出ていません。むしろ『梵灯庵袖下集《ぼんとうあんそでしたしゅう》』（興国元年頃成立）の中に、

せりなずなごぎやうはこべら仏のざすずなすずしろ是は七種

と出ているので、この頃には既に歌の形式にされていたことがわかります。

面白いことに秋の七草は山上憶良《やまのうえのおくら》が『万葉集』で詠んでいるのに対して、春の七草はかなり遅れて成立していることになります。それは秋の七草が花の観賞（美的）であるのに対して、春の七草は食用（実用）だからではないでしょうか。さあ今年も七草粥を食べて、この一年も元気に頑張りましょう。

第二部　春

『都名所図会』(国立国会図書館蔵)

「節分」について

二月四日は立春ですね。では質問です。立春の前日の二月三日は何の日だか知っていますか。答えはもちろん「節分」です。「「初夢」と「宝船」」のところで触れましたが、本来「節分」は「節」（季節）を「分」けるという意味ですから、季節の変わり目ごとに年四回ありました。すなわち立春・立夏・立秋・立冬の前日の四回です。ところが現在では、「節分」といえば立春の前日のことを指すようになっています。

ただし二月三日という日付にほとんど意味はありません。新暦を旧暦に戻すと、「節分」はおおむね大晦日《おおみそか》（十二月三十日）に当たります（旧暦に三十一日は存在しません）。この日に邪気を祓《はら》うのは、新年を無病息災で迎えるためです。

ところが明治六年に新暦に改暦されました。前述のように、正月は旧暦の日付のまま行われているのに対して、節分は新暦換算されて二月に行われるようになったため、大晦日というとらえ方ができなくなってしまいました。かろうじて「節分」の日に年越しそばを食べる風習は、今もわずかながら地方に残っているようです（そばは長く伸びるから縁起がいいのです）。

次に「節分」の起源ですが、旧暦の大晦日には「追儺《ついな》」（鬼やらい）という儀式が行われていました。その起源は中国です。それが日本に伝わり宮廷の年中行事になりました。『続日本紀《しょくにほんぎ》』によると、文武天皇の慶雲三年（七〇六年）に疫病を鎮めるために行われたのが初出とされています。要するに疫病をもたらす悪い鬼を追い払うのが「追儺」なのです。

その「追儺」が「節分」の元になっているのですが、現在のように豆撒《まめま》きが行われるようになったのは、宇多天皇の時代とされています。鞍馬《くらま》山の鬼が都に出没した時、鬼の目（魔目《まめ》）に豆を投げつけて退治した故事に由来するとのことです。最初は「豆撒き」ではなく「豆打ち」でした。そもそも鬼が登場するのは、丑寅《うしとら》（北東）の方角が「鬼門」とされているからです。そのため鬼は牛の角を生やし、虎の牙《きば》を持ち、また虎の皮を身にまとっているのです。

では豆を撒く際に「鬼は外、福は内」と唱えるようになったのは、一体いつからなのでしょうか。『臥雲日件録《がうんにっけんろく》』（文安四年成立）という本に「唱鬼外福内」と記されているので、これが始まりとされています。そもそもなぜ豆を撒くのかというと、語呂《ごろ》合せで「豆」が「魔を滅する」ものだからです。豆を撒きながら「鬼は外、福は内、天に花咲き地に実なれ、鬼の目ん玉ぶっつぶせ」（山形県）という呪文《じゅもん》を唱えるところもあるそうです。面白いですね。なお撒いた豆から芽が出るのは縁起が悪いとされているため、必ず炒《い》った豆を使うことになっています。

同様に柊《ひいらぎ》の枝に焼いた鰯《いわし》の頭を刺して門や玄関に飾るのはなぜでしょうか。柊のぎざぎざした葉は鬼の目を突くというので、鬼が避けるとされています。また焼いた鰯の頭は、その悪臭を鬼が嫌がると考えられているようです。これらは鬼が家の中に入ってこないための鬼除《よ》けなのです。

余談ですが、苗字《みょうじ》に「鬼」が付く人（鬼頭さん・鬼塚さん・九鬼さんなど）の家では「鬼は外」とはいえませんから、「福は内、鬼は（も）内」と唱えているとのことです。東京・雑司《ぞうし》が谷《や》にある鬼子母神でも「鬼は内」です。それとは別に、四天王の一人である渡《わた》辺綱《なべのつな》が鬼退治をしたということで、渡辺さんの家ではもはや「鬼は外」とは言わなくてもいいとのことです。

なお関西では、節分に恵方巻《えほうまき》（海苔巻《のりまき》）を丸かじりする習慣があります。包丁で切らずに丸かじりするのは、縁を切らないようにするためです。ただしこれは必ずしも宗教的な行事ではなく、大阪海苔問屋協同組合がイベントとして行ったものが徐々に定着したといわれています（土用の丑のうなぎと同様）。中に巻き込む具を七種にすることで「七福神」に見立て、「福を食べる」と説明しています。それがいつしか年中行事になっているわけです。

日本人と「梅」

いきなり質問です。梅は昔から日本にあったと思っていませんか。しかしどうやら梅は外来種のようです。その証拠に『古事記』や『日本書紀』に梅は描かれていません。漢詩集『懐風藻』に初めて出ていることから、中国から伝来したことが察せられます。八世紀に中国との交易の中で、薬用の「烏梅《うばい》」（未熟な梅の実の燻製《くんせい》）が輸入されたのです。その際、梅の種や苗も輸入され、日本で栽培されたのでしょう。ですから『万葉集』では、最初に大宰府《だざいふ》の梅が詠まれています。

ところでみなさん、「うめ」は訓読みで「バイ」は音読みと思っていませんか。実は両方とも梅の中国語読みから変化したものです。呉音が「メ」で漢音が「バイ」です。「うめ」は古語では「むめ」ですから、「メ」から転訛《てんか》したのでしょう。そのため「うめ」も音読み（呉音）とする説もあります。要するに日本語に「梅」に当たるものが存在しなかったのです（「菊」も同様です）。

いずれにしても舶来ということで、当時はとても高価かつ有用な植物でした。必然的に都の中に植えて管理されていたようです。山桜が野生であるのに対して、梅は人間の手によって栽培されたのです。そのため『万葉集』において、梅は桜の約三倍（百十九首）も歌に詠まれています。

その梅は薬用のみならず、あと二つの付加価値がありました。一つは春になると他の植物よりも早く花を咲かせることです（百花の魁《さきがけ》）。そのため鶯《うぐいす》と抱き合わせにされ、春の訪れを告げる花として尊ばれました。例えば『古今集』では、

春たてば花とや見らむ白雪のかかれる枝にうぐひすの鳴く（六番素性法師）

と詠われています。ただしこの歌では梅は咲いていません。ここでは一刻も早い春の訪れを願って、梅の枝に降り積もった白雪を、梅の開花に見立てて詠んでいるのです。これが紅梅だったらそうはいきません。この見立ては、当時の梅が白梅だったからこその技法といえます。

もう一つは馥郁《ふくいく》とした香りを放つことです。桜にそんな匂いはありませんから、「色の桜」「香りの梅」ということになります。そのことは、

色よりも香こそあはれと思ほゆれたが袖《そで》触れし宿の梅ぞも（古今集三三番）

という歌からも察せられます。もっとも平安時代に紅梅が入ってくると、それこそ、

君ならで誰《たれ》にか見せん梅の花色をも香をも知る人ぞ知る（同三八番紀友則《きのとものり》）

のように、色も香もある花として詠われるようになります。この「香り」というのは、嗅《きゅう》覚《かく》（鼻）で感じるものですよね。ですから梅の場合は視覚が通用しない夜でも、

春の夜の闇はあやなし梅の花色こそ見えね香やは隠るる（古今集四一番）

と闇夜の梅が詠まれます。というより、視覚が利かないからこそ嗅覚の機能が発揮されるわけです。

また「匂い」という語は、古語では視覚にも嗅覚にも用いられていました。例えば百人一首で有名な伊勢大輔《いせのたいふ》の歌では、

いにしへの奈良の都の八重桜けふ九重に匂ひぬるかな（詞花集二九番）

と、桜の視覚美が詠われています。本居宣長《もとおりのりなが》も、

敷島の大和心《やまとごころ》を人問はば朝日に匂ふ山桜花

と詠っていましたね。これも朝日に照り輝くような視覚美です。

それに対して紀貫之《きのつらゆき》の、

人はいさ心も知らずふるさとは花ぞ昔の香に匂ひける（古今集四二番）

は、梅の花の匂いが詠われています。もっとも、貫之の歌には「花」とだけあって、一見すると何の花かわかりません。みなさんは平安時代に「花」といったら「桜」を指すと教わっていませんか。それも間違いではないのですが、ここでは「香に匂ふ」とあることに注目してください。桜は「匂ふ」であって、「香に匂ふ」とは言いません。要するに視覚の場合は「匂ふ」で、嗅覚の場合は「香に匂ふ」と使い分けられているのです。ですからここは、桜ではなく梅ということになります。

菅原伝授手習鑑

みなさんは浄瑠璃《じょうるり》あるいは歌舞伎の「菅原伝授手習鑑《すがわらでんじゅてならいかがみ》」を御覧になったことがありますか。そこで、

梅は飛び桜は枯るる世の中に何とて松のつれなかるらん

という歌が出てきます。これは菅原道真の左遷という歴史を踏まえ、道真を慕って飛んでいった飛梅伝説を下敷きにしたものです。登場する三つ子の梅王丸・松王丸・桜丸を梅松桜に喩《たと》えて詠まれたものですが、寺子屋の段ではつれないはずの松（松王丸）が自分の子の首（命）を犠牲にして、菅丞相《かんしょうじょう》の子を助けるところが見せ場になっています。

ところで花札に「すがわら」という役があることをご存じでしょうか。いわゆる「梅松桜」の役札三枚を揃《そろ》えたものですが、それこそ「菅原伝授手習鑑」の三人の名前に因《ちな》んで「すがわら」と称されているのです。またその三種の赤短冊札は「うらす」という役ですが、それは裏菅原の略です。なお短冊には字が書いてあります。みなさんは正しく読めていますか。「あのよろし」とか「みなしの」と読んでいる人もいますが、それは間違いです。「あかよろし」「みよしの」と読むのが正解です。短冊が赤いので「赤よろし」、み吉野はそれこそ桜の名所である「吉野」のことです。

その道真は梅には声をかけ、

東風《こち》吹かば匂ひおこせよ梅の花主《あるじ》なしとて春を忘るな（拾遺集一〇〇六番）

と詠じているのに、桜や松には声をかけなかったとされています。ですから桜は一夜のうちに枯れてしまったと詠われているわけです。松は飛んだものの、途中（神戸市辺り）で落っこちたといわれています。またちゃんと大宰府まで飛んでいったという飛松伝説もあります。

ですが調べてみると、道真はちゃんと桜にも別れの歌を詠んでいました。それは、

桜花主《ぬし》を忘れぬものならば吹きこん風にことづてはせよ（後撰集《ごせんしゅう》五七番）

です。しかし天満宮に桜は植えられていませんでした。

そういった道真伝説に松を絡め、さらに書道の伝授を絡めることで、「手習鑑」の筋書きができたのでしょう。「せまじきものは宮仕え」とか「何《いず》れを見ても山家《やまが》育ち」という名セリフも印象的ですね。その「手習鑑」では、道真公自彫りの道真像が不思議な力を発揮しています。それが芝居で有名になったこともあって、それ以降多くの天満宮でも木像が宝物とされてきました。

道真が本当に木像を彫ったのかどうかわかりませんが、芝居に出てくる大阪・藤井寺市の道明寺天満宮、守口市の佐太天神宮はもとより、福岡・久留米市の東林寺天満宮（御自作天満宮）や横浜市の永谷《ながや》天満宮、そして京都・長岡京市の長岡天満宮には自作の道真像と称されるものが安置されています。堺市の菅原神社は、道真の像が海から流れ着いたのでそれを祀《まつ》ったとされています。滋賀・甲賀市の綾野《あやの》天満宮にも木像があります。大阪市の宝珠院は菅原山天満宮寺と称しており、やはり木像があったとのことです。

もともと乳母の文子《あやこ》が道真から自作の像を渡され、それを祠《ほこら》に入れて祀ったのが最初だともいわれています。基本は道真像ですが、それ以外にも自作の観音像や不動明王像なども伝承されています。これは一種の天神アイテムですね。

こう考えると、「菅原伝授手習鑑」が道真伝説にいかに大きな影響を及ぼしているかが見えてきます。道真の伝説は必ずしも古くからあったものではなく、江戸時代の芝居に出てきたものが、その人気に便乗して天神信仰に逆輸入されている可能性がありそうです。こうして天神信仰はさらに拡大していったのです。

「春はあけぼの」は平安朝の美意識ではなかった

『枕草子』といえば、冒頭の「春はあけぼの」章段が一番有名ですね。中学の国語や高校古文の教科書にも必ずといっていいほど採用されており、『枕草子』の代表的章段といっても過言ではありません。そのため、そこには伝統的な日本の四季折々の自然美や風物が鏤《ちりば》められていると思っている人が案外多いようです。みなさんはいかがですか。

しかしながらそれは明らかに誤解でした。本来、春の風物としては「梅・鶯・桜・霞」などがあげられてしかるべきだからです。そこに「あけぼの」が含まれる余地はありません。それにもかかわらず現代人、例えば初めて古典の授業で『枕草子』を習う生徒は、これをすんなり平安時代の美意識として受け取ってはいないでしょうか。しかしながら当時の人々は、「春はあけぼの」という文章を耳にした途端、少なからず違和感を抱いたに違いないのです。

考えてみてください。仮に「あけぼの」が春の景物として既に認められていたとしたら、清少納言は当たり前のことを提示したことになります。それでは宮廷で評価・称讃《しょうさん》されるはずはありません。となると『枕草子』は、決して当時の伝統的な美意識を集成した「平安朝美意識辞典」ではなかったのです。むしろそうではないから、言い換えれば当時の美意識とは異なっているからこそ、人々の注目を浴びることができたのです。

あらためて『枕草子』初段の構成を見ると、「春はあけぼの・夏は夜・秋は夕暮れ・冬はつとめて」と、一日の中で推移する特定の時間帯が切り取られ、それが四季と組み合わせられていることに気づきます（ここから「春のあけぼの」と「秋の夕暮れ」という対句も発生しました）。要するに「春はあけぼの」は、清少納言自身が新たに発見・提起した、ダイナミックな春の時間帯なのです（それが男女の「後朝《きぬぎぬ》の別れ」の時刻であることも重要！）。

そもそも「あけぼの」という言葉自体、上代（『万葉集』など）には用例がなく、平安時代においても古い『竹取物語』『伊勢物語』『古今集』には見られず、『うつほ物語』『蜻蛉《かげろう》日記《にっき》』に至ってようやく登場している珍しい言葉です。『枕草子』にしても、冒頭の一例しか用いられておらず、当時としては非常にマイナーな言葉であったことがわかります（女性語かもしれません）。

類義語の「あさぼらけ」なら、既に『古今集』『後撰集』に用例があります。それに対して「あけぼの」は歌語として古い用例がなく、初めて勅撰《ちょくせん》集に登場するのは遅れて『後拾遺集』であり、それが流行するのは『新古今集』まで待たなければなりませんでした。個人としては和泉式部《いずみしきぶ》が嚆矢《こうし》のようです（やはり女性）。その「あけぼの」にいち早く反応したのが『源氏物語』であり、用例数はなんと十四例も認められます。しかもそのうちの三例（一例は和歌）は「春のあけぼの」ですから、『枕草子』を意識していると見て間違いなさそうです。

中でも光源氏の長男である夕霧が、野分《のわき》（暴風）のどさくさに紛れて義理の母である紫の上を垣間見《かいまみ》た印象を、「春の曙《あけぼの》の霞《かすみ》の間より、おもしろき樺《かば》桜の咲き乱れたるを見る心地す」（野分巻）と述べているところは圧巻です。ただしこの文章はきわめて比喩《ひゆ》的であり、しかも秋の夕暮れに春のあけぼのを引き合いに出しているのですから、春と秋を対比させていることはわかりますが、薄暗い垣間見における紫の上の具体的な美しさはほとんど伝わってこない憾《うら》みがあります。

いずれにしても清少納言が、当時の伝統的な美意識とは異なるとらえ方を提示したからこそ、周囲の人々の驚きに満ちた称讃を勝ち取ったのです。その代表例が「春はあけぼの」だとすると、最初にこの一文に触れた読者は、素直に受け入れるのではなく、むしろ「どうして？　本当？」という驚きや疑問を抱かなければなりません。そこから古典の世界が開かれてくるのですから。

唱歌「春が来た」の「に」と「で」

日本人ならあまり問題にならないことですが、日本語を学習している外国人から質問されて説明に困ることがあります。唱歌「春が来た」という歌に出てくる「に」と「で」がその一例です。まずその歌詞をあげてみましょう。

一番　春が来た春が来たどこに来た山に来た里に来た野にも来た
二番　花が咲く花が咲くどこに咲く山に咲く里に咲く野にも咲く

三番　鳥が鳴く鳥が鳴くどこで鳴く山で鳴く里で鳴く野でも鳴く

見事に五音が連続していますね。これは明治四十三年の『尋常小学読本唱歌』にある曲ですが、東京音楽学校の高野《たかの》辰之《たつゆき》という有名な国文学者が作詞したものといわれています。彼は作曲家の岡野《おかの》貞一《ていいち》と組んで、有名な「春の小川」「朧月夜《おぼろづきよ》」「もみじ」「故郷《ふるさと》」などを作詞したとされています。なおこの歌には、春の到来を知る手段として「花」と「鳥」が用いられていますが、それにふさわしいのは「梅」と「鶯」でしょうか。問題は三番の歌詞が「に」から「で」になっていることです。さてみなさんはこの「に」と「で」の違いを説明できますか。

一般に日本語教育では、存在（状態）の場所が「に」で、動作の場所が「で」と説明されています。また「に」は動作や作用の到達点を示し、「で」は動作（行為）や作用が行われる場所を表すとも説明されています。確かに花は状態で、鳥の鳴き声は動作ですね。場合によっては、「で」は選択された場所を表すともいわれています。

こうやっていろいろ考えていると、後に来る動詞が異なっていることに気づきませんか。「来る」（行く）は「山に来た」とは言いますが、「山で来た」とは言いません。こういった接続の有無で用法を説明するのも、現代語学の有効な方法とされているようです。

もちろん動詞を共有するものもあります。その場合は微妙に意味が異なります。「公園にゴミを棄てるな」と「公園でゴミを棄てるな」はどうでしょうか。「で」は行為が公園内で行われるのに対して、「に」は公園外からの行為でも可能のようです。また「ここに寝て」と「ここで寝て」はどうでしょうか。「に」は病院の診察ベッドを示している感じで、「で」は人の家（空間）に泊めてもらう感じです。当然「に」は横になる意味であり、「で」は就寝の意味になります。「みんなに言う」と「みんなで言う」も意味というか言う方向が大きく異なりますね。

それが「も」と合体して「にも」「でも」となった場合、例えば「子供にもできる」と「子供でもできる」はどうでしょうか。「でもしか先生」も同様です。かつてバスケットボールを素材にしたマンガに、「チビでも選手」というタイトルのものがありました。これなど対象外というか、できそうもないものを例にしているようです。この場合「チビにも選手」とは言いませんね。

肝心の「山で鳴く」ですが、これは「山に鳴く」でも使えます。その場合、意味はどう違うのでしょうか（違わないのでしょうか）。ちょっと難しくなってきましたね。「で」の場合は、複数の鳥がそれぞれ異なる場所で鳴いている感じです。それが「に」だと、一羽の鳥が飛び回りながら場所を変えて鳴いている感じです。この答えに納得できますか。

さて、ここまでは現代語として考えてきました。ここで発想を転換して言葉の歴史的変遷を考慮してみましょう。すると「に」と「で」の使い分けは成立しなくなってしまいます。というのも、「で」は「にて」から発生した比較的新しい助詞であり、古典の世界には存在しないからです。古く『万葉集』には（では）、

・冬ごもり春さり来らしあしひきの山にも野にもうぐひす鳴くも（一八二四番）

・あしひきの山にも野にもほととぎす鳴きしとよめば……（三九九三番長歌）

などと詠われており、「鳴く」と「にも」が普通に結びついていました。また『古今集』仮名序にも「花に鳴く鶯、水に住む蛙《かはづ》」とあります（現代語でも「水で住む」とは言わない）。要するに「山で鳴く」は近代的（後発的）な表現だったわけです。古典を専攻する私の答えとしては、これがベストアンサーです。

それとは別に、春の訪れということでは、春は南から北へ、低地から高地へと推移するので、山→里→野という歌の順番には違和感があります。普通に考えれば里→野→山となるはずだからです。調べてみると、明治三十六年九月発行の『尋常小学読本』（巻五第二課）の「のあそび」に、「山に、来た。野に、来た。さとに、来た。」と出ていました。これが原典のようです。山の位置は変わりませんが、曲を付ける際に「野」が一音なので最後に回し、さらに「にも」を付けて語調を整えていると思われます。どうやらこの歌詞は初春の訪れではなく、春の盛りを謳歌《おうか》しているようですね。

唱歌「朧月夜」の話

いきなり質問です。「朧月夜」という言葉を見て、みなさんは何を思い浮かべますか。少数派の古典愛好家なら、即座に『源氏物語』に出ている朧月夜という女性と答えるでしょう。一般の人だったら、昔歌ったことのある小学唱歌の「朧月夜」（大正三年）が思い出されるはずです。この曲は合議制で作られたものですが、最近は例によって岡野貞一作曲・高野辰之作詞とされています。

ここで一つ覚えてほしいことがあります。それは両者の読みが異なっていることです。『源氏物語』の登場人物は「おぼろづくよ」です。それに対して唱歌の方は「おぼろづきよ」と読みます。ですから耳で聞けば間違えることはありません。ただし「朧」は小学校で習わない漢字なので、昭和十七年以降は「おぼろ月夜」と仮名で表記されるようになりました。ところで「朧」とはどういう意味でしょうか。そのヒントは歌詞の中にあります。詳しく歌詞を検討してみましょう。

一　菜の花畑に入日《いりひ》薄れ　見渡す山の端《は》霞深し
　　春風そよ吹く空を見れば　夕月かかりてにほひ淡し

二　里わの火影《ほかげ》も森の色も　田中の小路《こみち》をたどる人も
　　蛙の鳴くねも鐘の音も　さながら霞める朧月夜

最初の「菜の花」ですが、これはかなり早い時代に日本に伝来した外来植物です。古くは「芥子菜《からしな》」と称されていました。その他、種が有用（食用・油用）であることから、菜種・油菜ともいわれていきます。すべてはアブラナ科に属するもので、春に黄色い花を咲かせる特徴を有しています。特に菜種油を採取する目的で、明治以降日本全国で栽培されるようになりました。そのため畑一面に黄色い花を咲かせる菜の花畑は、日本人の原風景にまでなっているのです。ただし高野辰之の故郷が信州ということで、この菜の花は野沢菜のことだともいわれています。

「入日薄れ」というのは、夕日が沈みかけて辺りが次第に薄暗くなる情景です。「山の端」を山の麓《ふもと》とする人もいますが、古典では山の稜線《りょうせん》のこととされています。まだうっすらと明るいので、霞のかかった山の稜線がぼーっと見えているのでしょう。ふと空を見上げると、「夕月」が出ていました。これは読んで字の如く、夕方に出ている月のことです。

ここでまた質問です。「菜の花」と「日」と「月」が詠まれた有名な俳句を答えてください。はい、与謝蕪村《よさぶそん》の「菜の花や月は東に日は西に」ですね。ただし違っていることがあります。それは月の位置と形です。蕪村の句は、東の月の出と西の日の入りがほぼ同時ですから、その時の月は満月に近いものと考えられます。

それに対して唱歌の月は、どうやらかなり上空にあるようです。少なくとも出たばかりの月ではなさそうです。ということは決して満月ではありえず、半月あるいは三日月に近いものと考えられます。月の出や月の形は日々異なるので、その点には注意する必要があります。その月が「にほひ淡し」と形容されています。この意味はおわかりですか。もちろん「にほひ（匂い）」は嗅覚ではなく視覚です。また「淡し」は月の光が弱いことを表しています。辺りがまだ薄明るいので、月の光も淡いのです。既に霞がかかってぼーっとしているのかもしれません。

二番は時間がさらに経過して、夜に近くなっています。「里わ」の「わ」については、語調を整える接尾辞だと思ってください。昔は『万葉集』にある「見渡せば近き里みを」（一二四三番）とある「さとみ」を「さとわ」と誤写したという説がありましたが、信じられません。また金田一春彦氏はこれを高野辰之の造語としていますが、勇み足だったようです。というのも、これ以前（明治四十一年）に吉丸《よしまる》一昌《かずまさ》（小学唱歌作詞委員会委員長）が作詞した歌詞の中に、何度も「里わ」が出ているし、既に明治の辞書に立項されているからです。

なお二番の歌詞の語尾には「も」が五回も用いられていますが、これは並列の助詞です。それらが統括され、「さながら」（すべて）が「朧月」にやさしく照らし出されていることになります。「春宵一刻直《あたい》千金」という蘇東坡《そとうば》の「春夜」という漢詩（七言絶句）の第一句が思い浮かびます。ということで、「朧」というのは、夜の霞のことを形容していることになります。

「花」と『源氏物語』

滝廉太郎作曲の「花」ができたのは明治三十三年のことでした。作詞は、日本女子大学教授で歌人の武島羽衣《はごろも》が担当しています。もともとは春の「花」、夏の「納涼」、秋の「月」、冬の「雪」の四部作であり、組歌『四季』の第一曲として作られたものです。ただし「花」だけ単独で歌われることが多いようです。その一番の歌詞は、

春のうららの隅田川　　のぼりくだりの舟人が
櫂《かい》のしづくも花と散る　ながめを何にたとふべき

となっています。のどかな隅田川の春の光景が、七五調で見事に描写されていますね。「うらら」は「うららか」です。間違いやすいのは「舟人が」の「が」です。これは主格（主語）ではありません。いわゆる連体格の「が」で、「舟人の（手にしている）櫂」と続

きます。また末尾の「べき」は、上の「何に」と呼応して、反語の意味（何にも喩えられない）を表しています。「か・や」の省略とするとわかりやすいかもしれません。明治といいながら、文体は古文そのものですね。

実はこの歌詞には、どうやら『源氏物語』胡蝶《こちょう》巻が下敷きになっているようです。胡蝶巻というのは、光源氏が築いた六条院の春の御殿が舞台となっています。その女主人である紫の上が龍頭鷁首《げきしゅ》の船を池に浮かべて船楽を催し、そこに秋好中宮《あきこのむ》付きの女房を招待し、春のすばらしさをこれでもかと見せつける趣向になっています。

見物にやってきた女房たちはただもううっとりとして、本来はライバルであるはずの春の御殿を讃《たた》える和歌を詠じてしまいます（これは秋の敗北を意味します）。その最後の歌こそが、

春の日のうららにさしていく船は棹のしづくも花ぞ散りける

でした。一見しただけで、「花」の一番の歌詞と類似していることがわかりますね。これについては既に『源氏物語』の研究者として名高い玉上琢彌氏が胡蝶巻の解説の中で、

滝廉太郎の作曲で今も歌われる「花」の作詞は武島羽衣だが「春のうららの隅田川、

上り下りの舟人が、かいのしづくも花と散る、ながめを何にたとふべき」は、この歌によったのである。

（『源氏物語評釈五』二二四頁）

と指摘しています。「うらら」は珍しい表現ですが、胡蝶巻と一致していることから、むしろ『源氏物語』を踏まえていることの証拠になりそうです。

　唯一、「棹《さを》のしづく」が「櫂のしづく」に変わっています。「櫂」の方が、「花のように散るしずく」がたくさん散るはずです。でも『源氏物語』では、「さす」に「日が射す」と「棹指す」が掛けられているので、どうしても技法的に「棹」でなければなりません。あるいは「のぼりくだりの舟」そのものが、「櫂」を用いる西洋的なボートをイメージしているのかもしれません。もしこれがボートレース（早慶レガッタ）の光景だとすると、従来想像されていた古風なイメージは幻想だったことになります。さていかがでしょうか。

　ついでながら一番だけでなく、二番の歌詞にある「桜」・「青柳」も胡蝶巻に出ています。「あけぼの」に近い「朝ぼらけ」、「夕ぐれ」に近い「暮れ」もあります。また三番の「錦」も同様です。これだけ用語が一致・類似しているのですから、武島羽衣は『源氏物語』胡蝶巻の描写を踏まえて「花」の作詞に応用したといって間違いなさそうです。さてみなさんはピンときましたか。こんなところでも古典の教養が試されているようで恐いですね。

〔追記〕丹羽博之氏も同じようなエッセイを書いています（「乃木《のぎ》希典《まれすけ》「金州城下作」と唐代

詩文―付、歌曲「花」・唱歌「仰げば尊し」と古典―」大手前大学人文科学部論集5）。

西行「願はくは花の下にて」歌をめぐって

最初に質問します。文治六年（一一九〇年）二月十六日は何の日かご存じですか。答えは大歌人・西行の命日です。彼はその十年ほど前に自撰歌集『山家集』を編纂《へんさん》していますが、その中に、

願はくは花の下にて春死なむその如月《きさらぎ》の望月《もちづき》の頃

という有名な歌があります。ですからこれは辞世の歌ではありえないのですが、いかにも自らの死を予兆しているかのような詠みぶりですね。そのためこの歌にはいくつかの問題が提起されています。まず西行の詠んだ「花」は何かということがあげられます。単純には「桜」か「梅」かということです。もともとこの歌は、二月十五日に入滅した釈迦《しゃか》のことを念頭に置いて詠まれたものです。そこから釈迦と同じく「沙羅双樹《さらそうじゅ》」（日本の夏椿とは別種）の花がふさわしいのではないかという意見もありました。

「梅」説の主張は、旧暦二月十六日に山桜が満開になるとは思えないということです。そ

のポイントは新暦換算にありました。古いユリウス暦によって換算すると、その日は新暦三月二十三日になります。なるほどこれでは山桜の満開には早すぎるようです。これを新しいより正確なグレゴリオ暦で換算すると、新暦三月三十日となります。これなら満開でもおかしくないですね。

そもそも歌には「花」とだけあるので、それを「桜」とは断定しにくかったのでしょう。幸い同時代の藤原俊成が、西行の死を悼んで詠んだ歌が『俊成家集』（私家集大成三）に出ていました。

　彼上人《かの》（西行）先年に桜の歌多く詠みける中、
願はくは花の下にて春死なむその如月の望月の頃
　かく詠みたりしを、をかしく見給へしほどに、つひに如月の十六日望日終り遂げけること、いとあはれにありがたくおぼえて、物に書きつけ侍る《はべ》。
願ひおきし花のしたにて終りけり蓮の上もたがはざるらむ

この詞書《ことばがき》によれば、「花」は桜で間違いないことになります。次の問題として、「花の下」の「下」を「した」と読むか「もと」と読むかがあげられます。この西行歌は『新古今集』から切り出された歌ですが、後の『続古今集』にあらためて撰入されています。そ

れを見ると、

願はくは花のもとにて春死なむその如月の望月の頃（一五二七番）

とあり、「花のもと」本文で掲載されていました。他に『西行物語』や『古今著聞集』なども「もと」になっているので、中世においては「もと」が優勢だったようです。ところが前述の『俊成家集』を見ると、西行歌を踏まえて「願ひおきし花のしたにて」と詠んでいるのですから、これは西行が「した」と詠んだとする有力な根拠になりそうです。ただし俊成は「蓮の上」の対句として「花のした」としているのかもしれません。同じく藤原良経《よしつね》が、西行の一周忌に藤原定家と贈答した歌が『秋篠月清集《あきしのげっせいしゅう》』の中に、

西行法師まかりにける次の年、定家朝臣《あそん》のもとにつかはしける
去年《こぞ》の今日花のしたにて露消えし人の名残の果てぞ悲しき
返し
花のしたの雫《しづく》に消えし春は来てあはれ昔にふりまさる人

と出ており、ここでも二人は西行歌を踏まえて「した」と詠んでいました。『山家集』に

は「下」とあり、『続古今集』はそれを「もと」と読んでいます。しかしながら西行と親しかった俊成・定家・良経がともに「した」と詠んでいるのですから、「花のした」の方が良さそうですね。

結局は『山家集』の漢字表記「下」をどう読むかということでしょう。南河内《みなみかわち》にある弘《ひろ》川寺《かわでら》の墓で眠っている西行は、自分の歌の議論をどう聞いているでしょうか。

「春眠暁を覚えず」をめぐって

孟浩然《もうこうねん》の「春暁」という漢詩（五言絶句）、ご存じですよね。昔は必ずといっていいほど中学か高校の漢文の教科書に掲載されていたので、暗記している人も多いかと思います。その起句が「春眠暁を覚えず」です。春は暖かくて心地よく眠れるので、なかなか起きられないというのは、現代にも通じますね。

最初に注意すべきは、「暁を覚えず」の意味です。たいていの本は「暁」を「夜明け」と訳し、春になると日の出が早くなるのでなかなか起きられないと解釈しています。しかし古典の「暁」は午前三時過ぎのことですから、「暁」から夜明けまでには二時間以上の時間があります。ですから春でも外はまだ真っ暗です。要するに午前三時をもって日付が変更されるのですから、原則として「暁」は翌日になるという意味なのです。

もっと大事なことがあります。中国の都の役人は午前三時前に起きて仕度《したく》を整え、午前三時きっかりに宮城《きゆうじよう》（役所）入りしなければなりませんでした。「暁」は出勤時間だったのです。だからといって「暁を覚えず」は、決して寝過ごして遅刻したという意味ではありません。詩から慌てた感じは伝わってきませんよね。

大事な出勤時間を気にしなくていいというのは、作者が役人ではなかったからなのです。実は盛唐時代の孟浩然は、科挙（中国の官吏登用試験）に合格できなかった人でした。自由人のようでありながら、その奥には役人になれなかった屈折した思い（劣等感）が含まれているのかもしれません。そう考えると、なんとなくこの漢詩のニュアンスが今までとは違ってきませんか。

では第二句の「処々啼鳥《ていちよう》を聞く」はどうでしょう。一体、どんな鳥がさえずっているのか気になりませんか。これがもし「鶏」ならば、ご承知のように「鶏」は暁を告げる鳥ですから、やはり午前三時に鳴きます。ここはもっと後に聞いているのですから、明るくなる頃に鳴き始めるスズメなどの小鳥のさえずりでしょうか。

第三句の「夜来風雨の声」は、時間的に過去（昨夜。午前三時以前）に遡《さかのぼ》っています。なお「夜来」の「来」は語調を整えるための助辞ですから、「来る」という意味はありません。夜の間ずっと雨風の音が聞こえていたというのです。第二句で鳥の鳴き声が聞こえるとあるのは、既に雨が上がっているからでしょう。

ここで考えてみてください。ちょっと変だと思いませんか。だって熟睡していたのなら、そんな雨風の音など耳に入るはずはないですよね。それがずっと聞こえていたというのなら、昨夜は眠れなかったことになります。ひょっとしたら睡眠不足で、暁近くにようやく眠りについたのかもしれません。これはちょっと考えすぎでしょうか。

それに続く第四句は、「花落つること知る多少」です。質問ばかりで恐縮ですが、この「花」はどんな花でしょう。雨風によって散らされるのですから、日本人なら即座に「桜」と答えるかもしれませんね。でも舞台は中国ですから、「桜」はありえません。そこで次に「梅」という答えも出そうです。これなら中国にもあります。ただし「春暁」というのは、まだ肌寒い早春ではなく、ぽかぽかとした晩春を指すようなので、季節的には「桃」の方がふさわしいかもしれません。

末尾の「多少」は曲者です。日本の場合、「多少」といえば少ないニュアンスで用いられています。昔はこれを疑問と見て、どれくらい散ったのだろうかと訳していました。最近は多いことを前提として、たくさん散ったことだろうと推量風に訳しているようです。みなさんはどう教わりましたか。

もっとも、花がたくさん散ったかどうかは、外（庭）を見ればすぐわかるはずです。ところが作者はずっと床に入ったままでした。雨風の音も鳥の鳴き声も、みな聴覚に頼っていることに気づいてください。目を覚ましたままではいいのですが、床に入ったまま起き上がって外を見ようともしていません。それが春のもの憂さ（アンニュイ）なのでしょうか。

「怠け者！　早く起きなさい」とどなられかねませんね。

最後にこの漢詩の文学的な訳を二つ紹介しておきます。一つは土岐善麿《ときぜんまろ》の訳詩です。

春あけぼののうす眠り　枕にかよう鳥の声
風まじりなるよべの雨　花散りけんか庭もせに

「うす眠り」とか「枕にかよう」というのは見事な表現ですね。「庭もせに」というのは、「庭も狭しとばかりに」ですから、花がたくさん散ったと見ていることがわかります。

もう一つは井伏鱒二《いぶせますじ》の訳詩です。

春の寝覚めのうつつで聞けば　鳥の鳴く音で目が覚めました
夜の嵐に雨まじり　散った木の花いかほどばかり

「いかほどばかり」というのは疑問の意味ですね。いずれにしても漢詩の訳というのは、ここにあげたようにその訳自体が作品としてすばらしくなければ話になりません。

「水取りや籠りの僧の沓の音」（芭蕉）

　毎年春の訪れを告げる東大寺の「修二会《しゅにえ》」は、今から千三百年近く前に奈良の諸寺で始められた仏教行事です。東大寺では開祖良弁《ろうべん》の高弟だった実忠和尚《じっちゅうかしょう》が、天平勝宝四年（七五二年）に創始しました（東大寺要録）。その後、東大寺が灰燼《かいじん》に帰した際も、第二次世界大戦中も途切れることなく続けられ、平成三十年には千二百六十七回目を迎えています。「お水取り」というのは、修二会の中で行われる諸行事の一つです。現在は三月一日から十四日までの二週間にわたって行われていますが、かつては旧暦二月一日から行われていました。二月に修する法会ということで「修二会」と称されているのです。お水取りの舞台となっている「二月堂」にしても、修二会が二月に行われたことに因む名称でした。

　錬行衆と称される十一名の僧が、初夜のお勤めのために二月堂の登廊を上る時、その道を照らす灯《あか》りとして松明《たいまつ》を持った童子が先導します。ただし十二日以外は「新入」の僧が準備のために先に堂に入っているので、僧も十人・松明も十本になっています。

　二月堂に入った僧は、十一面観音（秘仏）の前で、「悔過《けか》」（懺悔《さんげ》）や五体投地を行います。悔過の際、有名な神名帳の読誦《ちょうどくじゅ》や過去帳の読誦も行われます。鎌倉時代のこと、集慶《じゅうけい》という僧が過去帳を読み上げていると、青い衣を着た女人の幽霊が出現し、私の名前が読み上げられなかったと恨んだので、とっさに「青衣の女人《しょうえ》」と読み上げたところ、満足して消え去ったという怪談めいた話も伝わっています。

そして三月十二日に、修二会最大のクライマックスであるお水取りが行われます。この日は松明が十一本ですが、それだけでなくいつもより大きな籠松明《かごたいまつ》の出番となります。これは根っこの付いた竹が用いられており、長さ八メートル、重さ七十キロもあります。

先導の役目を終えた松明はそのまま舞台に出て、欄干をごろごろころがして火の粉を降り落とします。これが童子の見せ場なので、江戸時代以降徐々に松明が巨大化したそうです。その火の粉を浴びると無病息災で暮らせると信じられており、毎年大勢の人々が火の粉目当てに押し寄せています。そのため見物客側からは「お松明」の行事と受け取られています。

さて十二日の深夜（日付は十三日の午前一時頃）、若狭井《わかさい》から香水と称される水を汲《く》み上げ、本尊の十一面観音にお供えする儀式があります。この井戸は福井県小浜《おばま》市の若狭神宮寺と地下でつながっているとされており、神宮寺では毎年三月二日に「お水送り」の行事が行われているとのことです。

これが修二会のおおよその概略です。これを踏まえて本題に入りましょう。貞享《じょうきょう》二年（一六八五年）二月、『野ざらし紀行』（甲子吟行《かっしぎんこう》）の途中で芭蕉が東大寺を訪れました。前書きに「二月堂に籠《こも》りて」とあって、芭蕉は「水取りや氷りの僧の沓《くつ》の音」という句を作っています。

ところがこの句には重大な本文異同が生じているのです。蝶夢《ちょうむ》の『芭蕉翁絵詞伝《ばしょうおうえことばでん》』（寛政五年刊）や『芭蕉翁発句集』（安永三年刊）には「籠りの僧」とあります。東大寺にある句碑には「籠りの僧」と刻まれているので、こちらの本文を採用しているのでしょう。それに対して自筆とされる『野ざらし紀行』や『芭蕉庵小《ばしょうあんこ》文庫《ぶんこ》』（元禄《げんろく》九年刊）を見ると、はっきり「氷の僧」と記されています。文献学的には「氷の僧」が正解となります。

ここで芭蕉が松明（視覚）に興味を示していないことに留意してください。また前書きに「二月堂に籠りて」とあるので、どうやら芭蕉の見た錬行衆（籠りの僧）は堂外を歩いているのではなく、堂内で行法を行っているようです。当然「沓の音」は、堂内で履く「さしかけ（差懸）」という木沓を踏み鳴らす音だったことになります。これを堂外の光景としているものは再考すべきかと思います。

もちろん芭蕉が「こもり」を「こほり」と聞き（書き）間違えた可能性もありますが、それよりも蝶夢が「こほり」を「こもり」と誤写（訂正）した可能性の方が高いようです。というのも、「氷の僧」があまりにも斬新な表現（造語？）だったので、蝶夢は平明で無難な「籠りの僧」を選んだと考えられるからです。

芭蕉が闇の中で響きわたる沓音を「氷」に喩えたとすると、二月でもかなり寒かったことになります。現在はそこまで寒くないので、「氷」に共感できないのかもしれません。

三月三日は「桃の節句」

三月三日は何の日？　と聞かれたら、「雛祭り《ひなまつ》」か「桃の節句」と答える人が多いですよね。でもその答えが江戸時代以降のものでしかないことをご存じですか。いつものことながら、年中行事の起源は中国にあります。古くは「上巳の《じょうし》祓い《はら》」を行う日でした。「上巳」というのは三月最初の「巳《み》」の日のことです。ですから必ずしも三日に決まっていたわけではありませんでした。中国ではこの日、川に入って身を清めていたのです。

それが遣唐使などによって日本にもたらされ、宮中における禊《みそ》ぎの神事となりました。もともと三月は季節の変わり目ですから、邪気祓いとして行われていたようです。人形《ひとがた》の紙で体を撫《な》でたり、人形に息を吹きかけたりした後、それを身代わりとして川に流すのです。

その「上巳の祓い」が三月三日の起源というわけです。ですから古くは「流し雛」の行事だったのですが、いつの頃からか人形を川に流さなくなりました。江戸時代になって、ようやく三月三日が「桃の節句」に制定されました。その頃ちょうど桃の花の咲く時期だったからです。五月五日の端午の節句が男の子の節句になり、三月三日が女の子の節句になったことで、現在のような「雛祭り」が醸成されたのです。ただし新暦では一ヶ月前ですから、桃の自然な開花は無理なようです。

もちろん「桃」にしても中国原産でした。『詩経』の「桃夭《とうよう》」という漢詩（四言古詩）はよく知られています。日本にもかなり早い時期に伝来したらしく、『古事記』のいざなぎ・いざなみの神話にも登場しています。『万葉集』には七首しか詠まれていませんが、大伴家持《おおとものやかもち》の「春の苑紅《そのくれなゐ》匂ふ桃の花下照る道に出《い》で立つ乙女」（四一三九番）は有名です。

古来、桃の実や花を食べると不老長寿になれると信じられていました。もちろん春に桃の実がなるはずもありません。そこで桃の花を飾ることで、その力にあやかって女の子の無病息災を祝ったのです（感染呪術）。それだけではありません。昔は桃の花を酒に浮かした「桃花酒」を飲んでいました。それが女の子の節句になったことで、いつの間にか「白酒」に変わっているのです。最近はアルコールの含まれない「甘酒」で代用されているようです。

ところで、みなさんは「あかりをつけましょぼんぼりに」で始まる「うれしいひなまつり」という歌はご存じですか。これはサトウハチローが昭和十年に娘のために作詞した曲です。その歌詞の二番は「お内裏様とおひな様」と始まっていますが、何か変だと思いませんか。

実は「お内裏様」というのは必ずしも男雛のことではなく、天皇と后の一対（二体）の人形を指します。また「おひな様」にしても女雛ではなく、男雛女雛一対の人形のことです。ですからこの歌詞は日本語としておかしいのです（四体あることになります）。

サトウハチローの過ちはそれに留《とど》まりません。三番の歌詞にある「あかいお顔の右大臣」は筋が通りません。間違いの一つは、左右が逆転していることです。通常、赤い顔をしているのは向かって右の人形ですから、本来ならば「左大臣」でなければなりません。これは男雛をどちらに置くかとも関わっています。昔の日本では左が上位でしたから、天皇は向かって右でした（関西旧方式・貴族的）。

ところが大正天皇の御成婚に際して、西洋風に天皇が向かって左に立たれたのです。それ以来、男雛を向かって左に置くようになったということです（関東新方式・庶民的）。どちらも間違いではなかったのです。さてあなたはどっち派ですか。

まだあります。これが身分の高い大臣だったら、内裏雛のすぐ下でなければならないのに、この人形は三人官女の下に配されています。そうなるとこれは大臣ではなく、身分の低い「随身」ということになります。この誤解は現在も継承されているようです。

もう一つ、二番の「お嫁にいらした」は非常にやっかいです。「いらした」は敬語ですが、お嫁さんは外から嫁いで来たのでしょうか、それともお嫁に行ったのでしょうか。行くも来るもどちらも可能なので、なかなか解釈が定まりません。みなさんはどっちがいいと思いますか。

「蛍の光」変奏曲（卒業式）

昔は卒業式の定番だった「蛍の光」と「仰げば尊し」ですが、最近の卒業式では歌われなくなりましたね。もっとも「蛍の光」は別な形で、例えばＮＨＫの紅白歌合戦のフィナーレで大合唱されていますし、高校野球の閉会式でも演奏されています。また船が出港する時にも、セレモニーとして流されています。図書館などの公共施設やデパートなどの商業施設でも、閉店間際にＢＧＭとして流されることが多いようです。

日本人には馴染《なじ》みの深い「蛍の光」ですが、この曲の背景には興味深い歴史的変遷があります。まず、原曲がスコットランド民謡だということはご存じですか。地元では「オールド・ラング・サイン」という曲名で親しまれており、準国歌扱いになっています。しかも卒業式どころか新年のお祝いや結婚式でも歌われているとのことです。もし日本の結婚式で「蛍の光」が歌われたら、縁起が悪いといわれそうですね。

次に、この曲が讃美歌にもあることはご存じでしょうか。こちらは讃美歌三七〇番「目覚めよ我が霊《たま》」として知られています。おそらく日本には、讃美歌として入ってきたのではないでしょうか。

さてここで質問です。みなさんは「四七《よな》抜き」という音楽用語を聞いたことありますか。

これはドレミを数字に置き換えると、四番目がファで七番目がシになります。そのファとシが使われていない五音階のことを四七抜きといいます。もともと日本の古い音楽はこの四七抜きでした。幸い「蛍の光」の原曲も四七抜きだったことから、簡単に日本に溶け込めたというわけです。

そのためこの曲を尋常小学校唱歌に採用することになりました。その際、現在のような歌詞を稲垣千頴《ちかい》が作詞して「蛍」という曲に生まれ変わったというわけです。それは明治十四年のことでした。

なお、「蛍の光」は原曲では四拍子の曲でしたが、「哀愁」という洋画でワルツ（三拍子）に編曲されて使われました。そこで日本でも作曲家の古関裕而《ゆうじ》が採譜と編曲を手がけ、「別れのワルツ」として売り出しました。演奏しているユージン・コスマン管弦楽団は架空のもので、実は古関裕而の名から付けたものだったそうです。閉店間際のＢＧＭには、別れに因んでこちらを流すことが多いようです。スローテンポですのですぐわかります。

次に歌詞についてお話しします。出だしの「蛍の光窓の雪」が中国の「蛍雪の功」という故事に因むことはご存じですよね。「蛍」の方は、東晋《とうしん》の車胤《しゃいん》は貧乏で灯り用の油が買えなかったので、蛍を集めてその光で本を読んで勉強し、後に偉い人になったという話です。中国の蛍は日本より大きいそうですが、一体何匹集めれば文字が読めるのでしょうか。「雪」については、同時代の孫康も貧しくて、窓に積もった雪に反射する月の光で勉強し、後に立派な高官に出世したという話です。二人とも貧しい生活の中で苦学して勉強したお手本というわけです。そんないい話に水を差すようで心苦しいのですが、当時の書物は油なんかよりずっと高額でした。油も買えないような家で、本が読めるはずはなかったのです。逆に本が買えるような家なら、油を買うことなど容易だったはずです。

「いつしか年もすぎの戸を」は典型的な和歌の技法ですね。「すぎ」が掛詞《かけことば》となっており、年が「過ぎる」と「杉の戸」が掛けられているわけです。これは子供にはわかりにくいかもしれません。それに連動して「あけてぞ」も、杉の戸を「開ける」と年が「明ける」の掛詞になっています。

二番の「かたみに」は互いにの意味ですが、「形見」と受け取られかねません。「ひとことに」は「一言に」ですが、「人ごとに」と勘違いしている人もいるようです。「さきくは「幸いに」（「まさきく」も同じ）ですが、『万葉集』に「ささなみの志賀のから崎さきくあれど」（三〇番）とある以外、ほとんど使われていない古語（死語）ですから、わかりにくいのも当然です。

また三番に「別るる道は変るとも、変らぬ心行き通ひ」とあったところ、これは男女間の交際に用いられる表現だと学務局長から指摘されたことで、急遽《きゆうきよ》「海山遠く隔つとも、その真心は隔てなく」と改訂されたとのことです。

私がここでいいたいのはそんなことではありません。ほとんど知られていない四番の歌

詞に注目してください。原作では、

千島の奥も沖縄も八洲《やしま》の外の守りなり　努めよ我が背つつがなく

とありました。「八洲」は日本のことです。当初、「千島」「沖縄」は日本の領土の外とされていましたが、明治政府による領土拡大に合わせるかのように、歌詞が改訂されていきます。

まずは千島樺太《からふと》交換条約や琉球《りゅうきゅう》の領土確定の後、

千島の奥も沖縄も八洲の内の守りなり

と改訂されました。八洲の「外」だったものが八洲の「内」になったのです。続いて日清戦争によって台湾が割譲されると、

千島の奥も台湾も八洲の内の守りなり

と、沖縄から台湾に領土が拡張されました。さらに日露戦争の後には、

台湾の果ても樺太も八洲の内の守りなり

と、千島が樺太に変えられています。なんと卒業式に歌う「蛍の光」の歌詞に、国家政策としての領土拡大の成果が込められていたのです。それもあって四番は堂々と歌えなくなっているようです。

なお歌詞に「努めよ我が背」とある点、この歌は女性視点になっていることがわかります。夫や恋人を戦地に送り出す女性の立場から歌われているということです。もはや卒業式の歌ではないですね。最後の「つつがなく」は、唱歌「故郷《ふるさと》」でも「つつがなしや」と用いられていますが、ここでは「つつ」という虫が鳴いていると勘違いされるそうです。

「仰げば尊し」の顚末《てんまつ》（卒業式）

卒業式の定番だった「仰げば尊し」が歌われなくなったのは、平成になってからでしょうか。敬遠された理由はいくつかあげられます。第一に、歌詞があまりに古文調であり、到底小学生や中学生には理解されないことでしょう。

確かに一番の「はやいくとせ」は意味が摑《つか》みにくく、「早い」のか「行く」のか迷ってしまいます。ここはまず「いくとせ」が「幾年」であることを理解しましょう。そうすると「はや」は「早くも」となります。続く「思えばいととし」の「いととし」にしても、大学生でも解釈できそうもありません。特に「とし」はお手上げのようです。中には「いとおし」と勝手に勘違いしている人もいるようです。これは漢字をあてれば「疾し」で、意味は「早い」です。つまり歳月が早く過ぎ去ったことを述懐しているのです。

また二番に二回出てくる「やよ忘るな」・「やよはげめよ」の「やよ」も難解ですよね。これは呼びかけの言葉で意味はありません。だから「忘れるな！」・「励め！」（「よ」も強調です）でいいんです。それに対して「はげめよ」の方は、言語遊戯的に「禿げめ！」が想像されます。校長先生が禿げていたりしたら笑いが生じるかもしれません。

繰り返される「今こそ別れめ」（今まさに別れよう）の「め」も誤解されているようですね。多くは「節目」「境目」の「目」と誤解して「別れ目」と思い込んでいるのではないでしょうか。これは古典文法の係り結びです。係助詞の「こそ」に対応して「別れ（未然形）＋む（助動詞）」が已然形《いぜんけい》の「別れめ」になっているのです（三番の「忘るる間ぞなき」も同様です）。これで歌のだいたいの意味はわかりましたね。

二番の歌詞には別の問題があります。「身を立て名をあげ」というのは、中国の『孝経』を踏まえて立身出世を奨励しているということで、戦後の民主主義にそぐわないと判断され、二番も歌われないことが多かったようです。私などは「二十四の瞳」の映画で歌われているのを聞き、いい歌だなと思ったのが最初の印象でした。幸いこの曲は「日本の歌百選」に選ばれています。

そもそもこの曲は誰が作ったのでしょうか。文部省唱歌の大半は、外国の曲を元にしているようなので、この曲もその可能性が高いのですが、長いこと原曲がわかりませんでした。昭和五十二年刊行の『日本の唱歌（上）』（講談社文庫）でも未詳となっています。英米の民謡を研究されている桜井雅人氏が、執念で原曲を探し当てたのは、なんと平成二十三年のことでした。

一八七一年（明治四年）にアメリカで出版された『The Song Echo』（ヘンリー・パーキンス編）という本の中にあった「Song for the Close of School」という曲がそれです。曲名も「卒業の歌」ですからぴったりですね。作詞はT・H・ブロスナンで、作曲はH・N・Dとありますが、どんな人かは不明です。おそらくこの本を文部省音楽取調掛の伊沢修二が入手し、明治十七年に刊行された『小学唱歌集三編』に収めたのでしょう。日本語の歌詞は、同じく音楽取調掛の大槻文彦《おおつきふみひこ》・里美義《さとみただし》・加部厳夫《かべいずお》の三人の合議でまとめられたようです。

原曲の歌詞は友達との別れが主題になっています。ところが日本語の歌詞は、原曲を参考にしつつも、当時の社会を反映してか先生（師）と生徒（教え子）の別れに作り替えられています。「教えの庭」（校庭ではなく庭訓《ていきん》（教育）のこと）と「学びの窓」という対もその象徴です。意図的に卒業する生徒が恩師に感謝するというストーリーにされたことで、教師に従属を強いているという反発を招いたのでしょう。もはや先生は尊敬される対象ではなくなっているようです。

「サクラサク」について（入学式）

一昔前（昭和五十年代）まで、大学の入学試験の合否を電報で知らせることが流行《はや》っていました。調べてみたところ、早稲田大学の学生サークルが昭和三十一年に合格電報を始めたそうです。その際、なるべく字数を少なくするために、合格の場合は「サクラサク」、不合格の場合は「サクラチル」という例文が考案されました。

それを真似て、全国の大学で独自の電文が考案されています。「エルムハマネク」は北海道大学、「アオバモユル」は東北大学、「オチャカオル」はお茶の水女子大学、「テンピョウノイラカカガヤク」は奈良教育大学、「イセエビタイリョウ」は三重大学、「クジラシオフク」は高知大学などなど、いろいろご当地物で工夫されています。その後、電報局が大学と提携して合否電報を受け付けましたが、その電文は単純な「オメデトウ」と「ザンネン」でした。これは間違いを防ぐためのようです。

「サクラサク」は、おそらく入学式が桜の開花シーズンと重なっていたことによるのでしょう。それもあって、たいていの学校には桜が植えられていました。さらには校章に桜の花をあしらっている学校も少なくありません。日本では学校と桜は切っても切れない深い関係になっているようです。

ところで現在最も一般的な桜はソメイヨシノで、気象庁の桜前線の目安にも用いられています。ただしソメイヨシノの歴史は浅く、江戸後期に江戸駒込染井村《こまごめそめい》の植木職人によって作り出された新品種でした。それが早く育つし早く開花するということで、瞬く間に広まったのです。

特に明治政府の政策で、江戸時代の面影を払拭《ふっしょく》させることを狙って、城跡や川の土手に積極的に植えさせたことで、全国的な広がりを見せました。それは国内のみに留まらず、アメリカのポトマック河畔にも移植されています。これは初代大統領ジョージ・ワシントンの桜の木を切った逸話と関係しているのかもしれません。ただしソメイヨシノは早く育つ分、木の寿命が短くなり、早く枯れてしまうという欠点を有しているといわれています（条件さえよければ百年以上もっています）。

日米友好のために植えられた桜が、六十周年を過ぎた頃から枯れ始め、植え替えを余儀なくされてしまったのです。これが山桜であれば二百年以上、江戸彼岸桜であれば五百年以上はもつとされています。日米友好にどうしてそんな寿命の短い桜を贈ったのかと思わないでもありません。

さらに戦争によって、桜のイメージが変化させられているようです。受験での「サクラチル」は不合格（マイナス）の比喩でしたが、軍国主義では桜のような散り際の見事さが称讃されたからです。そのため靖国《やすくに》神社の桜は英霊の象徴ともみなされました。

一方、アメリカでは日本が真珠湾を攻撃して以降、ポトマック河畔の桜を切り倒そうという気運が高まっていました。面白いことに、それを阻止したのは韓国の李承晩《イスンマン》初代大統領でした。李承晩は、ソメイヨシノは韓国の済州《チェジュ》島の王桜が原木だと主張し、結果的にソメイヨシノを救ったのです。もちろん遺伝子検査の結果、両者が別種であることは既に確認されています。

もともとソメイヨシノは、人間の手によって大島桜と江戸彼岸桜を交配して作り出された、いわゆるクローンであり、種からは育てられないという特殊事情がありました。すべては挿し木・接ぎ木によって増やさざるをえないのですから、植木屋さんにとっては好都合かもしれません。

さて、最近は異常気象が続いており、入学式に桜が咲いていないこともよくあるので、桜と入学式の関連も多少薄らいできました。それ以上に問題なのは、四月入学という古くからの制度です。それは必ずしも国際ルールではなく、むしろ世界的には九月入学が一般的なようです。

日本でも、明治初期には九月入学でした。ところが政府の予算編成が四月になったことで、学校の入学時期も四月に変更させられたのです。日本国内だけならそれで問題にはなりませんが、外国に留学したり、外国人留学生を受け入れようとすると、半年間待たなければならなくなります。それは未来ある若者にとって大きなロスでしょう。そのずれを解消するため、九月入学・九月卒業が叫ばれつつありますが、いまだに主流にはなっていません。仮に大学だけを九月入学にすると、今度は日本の高校の卒業時期とずれてしまうからです。

もし九月入学が本格化したら、「サクラサク」では季節外れになるので、新しい合格電報の例文を作らなければなりません。九月は菊のシーズンですから、スライドさせると「キクサク」になります。しかし四文字では語呂が悪いので、「キクカオル」あたりではどうでしょうか。

ツバメの文学史

みなさんは「玄鳥」という漢字を読めますか。「玄」は「玄人《くろうと》」の「玄」ですから黒いという意味です。黒い鳥というと、真っ先に「カラス」という声があがりそうですが、「カラス」ではありません。一つヒントを出します。暦の七十二候に「玄鳥至」と「玄鳥去」があります。四月頃にやってきて九月頃にいなくなる黒い鳥（渡り鳥）といったら、もうツバメしかいませんね。

ここで質問です。ツバメが登場する有名な古典文学は何ですか。はい、『竹取物語』ですね。かぐや姫の求婚譚《たん》には難題が与えられますが、そのうちの中納言石上麻呂足《いそのかみのまろたり》に出されたのが「燕《つばめ》の子安貝」でした。では次にツバメを詠んだ和歌を知っていますか。『万葉集』が好きな人なら大伴家持の、

燕来る時になりぬと雁《かり》がねは国しのひつつ雲隠《くもがく》り鳴く（四一四四番）

が想起されるかと思います。家持は雁が帰る時期がツバメの飛来と重なっていることを詠っています。ただツバメは歌題には適さないようで、『万葉集』でもこの一首しか詠われていません。

近代では『万葉集』好きの斎藤茂吉が、

のど赤きつばくらめ二つはりにゐてたらちねの母は死にたまふなり（赤光《しゃっこう》）

と詠じています。これは教科書掲載率が高い歌ですから、ご存じの方が多いと思います。ここには母の臨終と、生命力溢《あふ》れる二羽のツバメとの対比が詠われています。最初、この

二羽のツバメは巣の中の雛かと思いましたが、茂吉は雌雄つがいのツバメであると述べています。

なおツバメの俊敏さに目をつけた国鉄（ＪＲ）は、昭和五年に東海道本線の特急をツバメと命名しました。この名称は現在も九州新幹線に引き継がれています。プロ野球の東京ヤクルトスワローズも、前身が国鉄スワローズだったことで、特急ツバメの名称が球団名に冠されていたのです。

お隣の中国には、「燕雀《えんじゃく》いづくんぞ鴻鵠《こうこく》の志を知らんや」という故事成語があります。ここでツバメとスズメは小者とされています。その両者は、かつては姉妹だったという昔話があります。親が危篤になった際、スズメは普段着のまますぐに駆けつけたので、臨終に間に合いました。一方のツバメはお化粧と着替えに手間取って親の死に目に会えませんでした。そこでお釈迦様は、スズメは孝行なのでお米を食べることを許し、親不孝なツバメは虫しか食べられないことになったのです。「雀孝行」というお話です。

ここで西洋に目を転じると、オスカー・ワイルドの『幸福な王子』があげられます。話の最後に、ツバメは寒さに息絶えますが、日本では南に渡らず居座るツバメもいるようです。森昌子が歌ってヒットした「越冬つばめ」は、現実のものだったのです。そのツバメは、巣作りと子育てで有名ですね。昔からの言い伝えに、「ツバメが巣を作るとその家は繁昌する」とあります。特に農家にとっては、稲の害虫を食べてくれる益鳥として大事にされていたのでしょう。

もう一つ、ツバメのつがいは仲が良くて、生涯相手を変えないと信じられてきました。ところが最近の研究では、浮気する確率が案外高いという調査結果が報告されています。もともと夫婦揃ってやってくるのではなく、雄の方が一足早く戻ってきて、古巣の手入れをするそうです。その際、別の巣を占領することもあるので、必ずしも去年のツバメが帰ってきたとは限らないそうです。

その後に雌が戻ってくると、雄はあらためて求愛します。その鳴き声が「チュピチュピチュピジー」ですが、それを「土食って虫食って口渋い」と表現しています。もちろん合流できないカップルもいるし、昨年生まれた若いツバメはもともと相手がいません。そこで急いで相手探しが繰り広げられるわけです。雌は待たされるのが嫌いなようで、夫が遅刻しようものなら、待たずにさっさと別の雄を探すともいわれています。ツバメの社会では遅刻厳禁なのです。

統計では、去年と同じカップルは半分くらいだそうです。またカップルの雌が夫以外の雄に惹かれることも、逆に雄が妻以外の雌と仲良くなることも珍しくないとのことです。ツバメの父子のＤＮＡ鑑定を行ったところ、なんと四分の一は夫以外の子だったという結果も出ています。ツバメの社会も恐いですね。

では雄のツバメの魅力は、一体どこで判断されるのでしょうか。顔のよさでしょうか、体格でしょうか、それとも鳴き声でしょうか。これも調査によると、ツバメの特徴である尾羽《おばね》の長い雄がもてるのだそうです。こうしてカップルが営巣し子育てを始めても、一割程度はカラスなどに襲われて、雛を食べられたり巣から落とされたりするそうです。自然界の生存競争は厳しいようです。

最後に「若い燕」の意味はご存じでしょうか。これは女性から見て年下の愛人のことです。女性解放運動家の平塚らいてうが、五歳年下の奥村博史と恋愛関係になった際、奥村は周りの反対に耐え切れず、「若い燕は、池の平和のために飛び去って行く」と置き手紙を残して身を引きました。それに対してらいてうは、「燕ならばきっとまた、季節がくれば飛んでくることでしょう」と返事して関係を続けたそうです。この経緯が「わたくしの歩いた道」として雑誌に掲載されたことで、一躍「若い燕」が流行語になりました。

第三部　夏

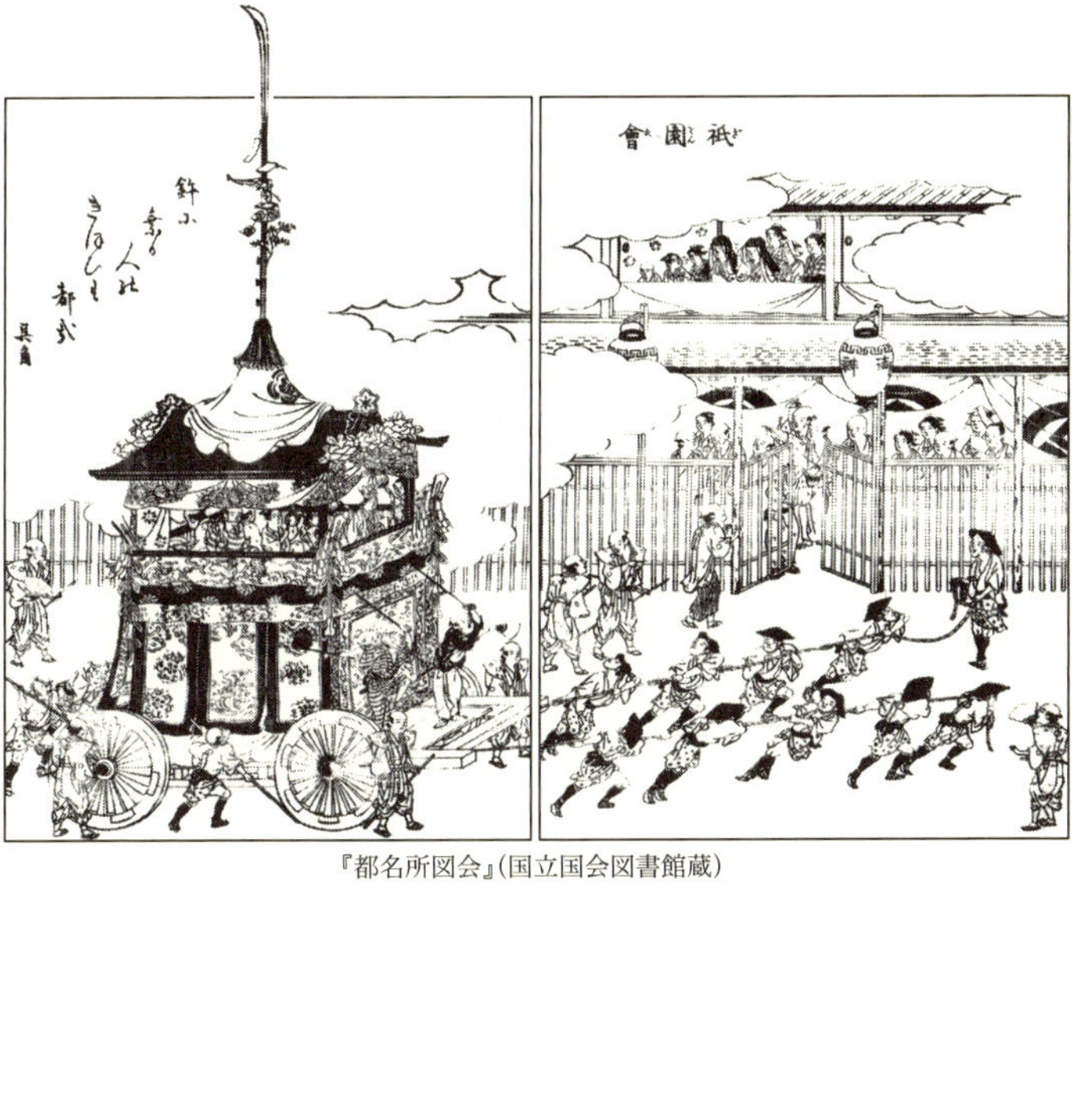

『都名所図会』(国立国会図書館蔵)

「古池やかはづ飛び込む水の音」（芭蕉）

この句は芭蕉の詠んだ名句として知られています。そのためか句の背景や解釈をめぐって、様々な意見や憶測が飛び交っているようです。まず話題になっているのが、この句の原形についてです。談林派の水田西吟《さいぎん》編『庵桜《いおざくら》』（貞享《じょうきょう》三年刊）に、「古池やかはづ飛んだる水の音」として掲載されています。「飛んだる」はいかにも談林派の好みそうな表現といわれています。

そのわずか一ヶ月後の貞享三年閏《うるう》三月に刊行された仙化編『蛙合《かわずあわせ》』には、「古池やかはづ飛び込む水の音」として収録されています。『蛙合』というのは、蛙を題材にした句合わせのことです。その芭蕉庵での催しの折に詠まれたのか、それともそれ以前に詠まれたのかも意見が分かれるところです。

これを実作と見る人は、芭蕉が古池の近くを通った時、蛙が池に飛び込むポチャンという音がしたので、その時にこの句ができたと説明しています。そこで話題になるのは、その池はどこにある池かということです。これに対してもいろいろいわれていますが、現在は江戸深川にある芭蕉庵の池だとされています。

実作説に対して虚構説ですが、これは門人の各務支考《かがみしこう》が書いた『葛《くず》の松原』（元禄《げんろく》五年

刊）の中に、

弥生も名残惜しき頃にやありけむ、蛙の水に落ちる音しばしばならねば、言外の風情この筋に浮かびて、「かはづ飛び込む水の音」といへる七五は得給へりけり。晋子《しんし》が傍《かたわら》に侍《はべ》りて、「山吹といふ五文字をかふむらしめむか」とをよづけ侍るに、唯《ただ》「古池」とは定まりぬ。

とあることによります。この記述を信じれば、芭蕉は庵の中で「蛙の水に落ちる音」を聞き、そこから「かはづ飛び込む水の音」という中七《なかしち》・下五《しもご》が浮かんだことになります。それにどんな上五《かみご》を付ければいいかということになり、門人の宝井其角《きかく》（晋子）が「山吹や」ではいかがですかといいました。

そもそも「蛙」は『古今集』仮名序に「水に住むかはづの声を聞けば」とあるように、水辺で鳴く生き物とされていました。その蛙には「かへる」と「かはづ」という二通りの読みがあります。この使い分けは明確で、『万葉集』以来歌に詠む時はもっぱら「かはづ」を用いています。例外として、「帰る」を掛詞《かけことば》として用いたい時だけ「かへる」が許容されます。

それが『古今集』で、

かはづ鳴く井出の山吹散りにけり花の盛りにあはましものを（一二五番）

と詠《うた》われたことで、「井出・山吹・かはづ」の三点がイメージとして付与されました。其角が「山吹」と答えたのは、和歌の伝統に則《のっと》ったからです。それもあって芳山《ほうざん》編『暁山《ぎょうざん》集《しゅう》』（元禄十三年刊）には、「山吹や」の形で掲載されています。

「山吹」であれば華やかな感じはしますが、芭蕉は和歌の伝統を捨てて閑寂な「古池」を選びました。それこそ芭蕉独自の蕉風が確立した瞬間とされるわけです。加えて伝統を踏まえるのなら、「かはづ」の鳴き声を詠むはずですが、芭蕉は鳴き声ではなく蛙が飛び込んだ音を主眼としています。このありふれた選択こそ俳句の妙味だといったのは、他ならぬ正岡子規でした（「古池の句の弁」ホトトギス）。

なお『葛の松原』に「蛙の水に落ちる音しばしばならねば」とあることから、蛙は単数か複数かという議論も生じています。「しばしばならねば」とは「しばしば」の部分否定ですから、時々という意味になります。そうなると芭蕉は、ポチャンという音を複数回耳にしていることになります。

この件は外国人がこの句を英訳する際に浮上したようです。日本人なら主語にこだわりませんが、外国人は即座にこの蛙は単数か複数か、つまり蛙に不定冠詞の「a」を付けるか複数形で「s」を付けるかが問題になるからです。それだけでなく雄か雌かとか、どんな種類の蛙かという質問も出ます。これこそ異文化体験ですね。

実のならない「八重山吹」（道灌説話）

十五世紀に活躍した武将・太田道灌《どうかん》のことはご存じですよね。ある日道灌が鷹狩《たか》りに出かけたところ、急に雨が降ってきました。近くの粗末な小屋で蓑《みの》を借りようとしたところ、中から若い娘が出てきて、黙って山吹の花一枝を道灌に差し出します。花を求めたのではないのにと、道灌は娘の真意もわからぬまま怒って立ち去りました。

後にそのことを家臣に話すと、それは、

七重八重花は咲けども山吹の実の（蓑）一つだになきぞ悲しき

という古歌を踏まえたもので、娘は貧乏で道灌様にお貸しする蓑一つもございませんということを、山吹の花に託してそっと告げたのでしょうと語りました。それを聞いた道灌は自らの無学を恥じ、それ以来和歌に精進し、後に立派な歌人になったといわれています。

早稲田大学に程近い面影橋のたもとに「山吹の里」という石碑があるのは、その逸話に因《ちな》むものです。

この話は湯浅常山の『常山紀談』（明和七年刊）や西村遠里《とおさと》の『雨中問答』（安永七年刊）に掲載されており、江戸時代には教訓説話として人口に膾炙《かいしゃ》されていました。そのため「太田道灌借蓑図」と題されて絵画化されており、浮世絵の題材にもなっています。その絵に大槻磐渓《おおつきばんけい》作とされる以下のような漢詩（七言絶句）まで添えられています。

孤鞍《こあん》雨を衝《つ》いて茅茨《ぼうし》を叩《たた》く
少女為《ため》に遺《おく》る花一枝《いっし》
少女は言はず花語らず
英雄の心緒乱れて糸の如し

これが落語『道灌』になると、ご隠居からその絵の掛け軸を見せられ、道灌の逸話をたっぷり聞かされた八っつあんが、早速提灯《ちょうちん》を借りにきた知人に、「お前さん歌道に暗いな」と言ったところ、「角《かど》が暗いから提灯借りに来たんだ」と言い返される落ちになっています。

それとは別に初代林屋正蔵は、夕立の折に八百屋の亭主が白瓜《しろうり》と丸漬けの茄子《なす》を並べて、

丸漬けやなすび白瓜ある中に今一つだになきぞ悲しき

という狂歌を作ります。雨具を借りにきた友達が「この中に胡瓜《きゆうり》がない」と言うと、待ってましたとばかり「はい、かっぱはございません」と答えるのが落ちです（胡瓜は河童《かつぱ》ともいい、それを雨合羽に掛けています）。

ところで、ここに詠じられた山吹の古歌は、娘の作とされていることもありますが、正しくは『後拾遺集』所収の兼明《かねあきら》親王（醍醐《だいご》天皇皇子）の歌でした。その歌には長い詞書《ことばがき》が付いています。

小倉《をぐら》の家に住み侍りけるころ、雨の降りける日、蓑借る人の侍りければ、山吹の枝を折りて取らせて侍りけり。心も得でまかりすぎて、またの日山吹の心得ざりしよし言ひにをこせて侍りける返しに言ひつかはしける　中務卿《なかつかさきやう》　兼明親王

七重八重花は咲けども山吹の実の一つだになきぞ怪しき（一一五四番）

平安時代の話ですから、場所は京都嵯峨野《さがの》の小倉になっています。雨の日に蓑を借りに来た人に山吹の枝を渡したところ、なんとも合点がいかなかったのか、翌日その訳を尋ねてきたので、この歌を詠んで送ったというものです。話の構造からして、この詞書と和歌

が換骨奪胎されて道灌説話に仕立てられていることが察せられます。

この話で一番肝心なのは、山吹の「実の」に雨具の「蓑」が掛けられていることです。山吹はバラ科の植物で、晩春から初夏にかけて黄色い花を咲かせますね。しかし平安貴族の前栽《せんざい》には植えられなかったようで、京田辺市近くには「井手の山吹」という山吹の名所（歌枕）があります。『古今集』にも、

かはづ鳴く井出の山吹散りにけり花の盛りにあはましものを（一二五番）

と、「蛙《かわず》」と一緒に詠まれているように、山吹と蛙は付き物になっていました（前出）。

では質問です。山吹には本当に実がならないのでしょうか。植物学的に見ると、一重の山吹には普通に実がなりますが、八重は雄しべが花弁に変化しているため花粉ができず、また雌しべも退化しているので実が付かないと説明されています。古く『万葉集』に、

花咲きて実はならずとも長き日におもほゆるかも山吹の花（一八六〇番）

と詠われており、八重山吹に実がならないことは古くから周知の事実だったようです。みなさんはご存じでしたか。

「ほととぎす」をめぐって

「ほととぎす」は夏の風物詩の代表とされており、古くから和歌にも、

春は花夏ほととぎす秋は月冬雪冴《さ》えてすずしかりけり（道元）
形見とて何か残さん春は花夏ほととぎす秋は紅葉《もみぢ》ば（良寛）

などと詠まれてきました。そこで質問です。「郭公」と書いて何と読みますか。一番多い答えは「かっこう」でしょうか。もちろん「ほととぎす」と答える人もいるかと思います。

　では次の質問です。「かっこう」と「ほととぎす」は同じ鳥ですか、それとも違う鳥ですか。取りあえず鳴き声を思い浮かべてみてください。「かっこう」は文字通り「カッコー」と鳴きますよね。それに対して「ほととぎす」は「キュキュ、キュキュキュキュキュ」と鳴きます（「テッペンカケタカ」「東京特許許可局」「弟来たか」とも）。鳴き声からすると全く別の鳥ということになりそうです。

　ところがややこしいことに、両鳥とも生物学的にはカッコウ目カッコウ科の鳥に分類されており、案外近いことがわかります。「かっこう」も「ほととぎす」も初夏に南アジア

から飛来する渡り鳥であり、しかも「托卵《たくらん》」(ほととぎすは鶯《うぐいす》の巣に卵を産む)という生態まで共通しています。ですから混同が生じるのも当然なのです。

ただし古典の世界では、「かっこう」と「ほととぎす」の混同など生じていません。少なくとも平安時代において、「かっこう」は文学に全く登場していないからです。要するに現代では「郭公」に二つの読み(意味)がありますが、古典では「ほととぎす」という読みしかなかったのです。というよりも、「ほととぎす」という鳥にはなんと二十を超す異名が存在します。それは「時鳥《ときどり》」「霍公鳥《かつこうちよう》」「蜀魂《しよつこん》」「無常鳥《むじようどり》」「杜宇《とう》」「しでの田長《たおさ》」「早苗鳥《さなえどり》」「田鵑《たけん》」「勧農鳥《かんのうちよう》」「夕影鳥《ゆうかげどり》」「黄昏鳥《たそがれどり》」「菖蒲鳥《あやめどり》」「橘鳥《たちばなどり》」「卯月鳥《うづきどり》」「妹背鳥《いもせどり》」「うなゐ鳥」「魂迎鳥《たまむかえどり》」「沓手鳥《くつでどり》」「不如帰《ふによき》」「杜鵑《とけん》」「子規《しき》」等です。みなさんはいくつ知っていましたか。

その中で最もポピュラーなのが「時鳥」でしょう。これは毎年初夏になると几帳面《きちようめん》に到来するので、それが農耕の合図にされたことによります。つまり「ほととぎす」の声が田植えを始める時期を告げるということで、「時鳥」(時を告げる鳥)と命名されたのです。それもあって「早苗鳥」など田に関係のある呼び名も付けられています。また「菖蒲鳥」「橘鳥」「卯月鳥」など、初夏に開花する植物(橘・菖蒲・卯の花)との関わりで命名されたものもあります。

ほととぎす鳴くや五月のあやめ草あやめも知らぬ恋もするかな（古今集四六九番）

橘の香をなつかしみほととぎす花散る里をたづねてぞとふ（源氏物語花散里巻）

坪内逍遙《つぼうちしょうよう》の『沓手鳥孤城落月《ほととぎすこじょうのらくげつ》』はあまり知られていないかもしれませんが、徳冨蘆花《とくとみろか》の『不如帰』は有名ですね。また「ほととぎす」が鳴いて血を吐くとされたことで、結核を患った正岡子規がペンネームとして使ったこと、さらに俳句雑誌の誌名を「ホトトギス」としたこともよく知られています。その他、中国の故事に由来するものは「死・魂・悲しみ」のイメージをひきずっているとされています。「しでの田長」は本来身分の低い「賤《しづ》の田長」だったようですが、それが「死出」に変化したことで、「田植え」のみならず冥界《めいかい》と往来するイメージまで付与されました。

『万葉集』には「ほととぎす」が百五十三首も詠まれています（鶯五十一首の三倍）。その中にある「山ほととぎす」は、決して「ほととぎす」の別種ではありません。当時は渡り鳥という認識がなかったので、

我が宿の池の藤波咲きにけり山ほととぎすいつか来鳴かむ（古今集一三五番）

のように、山の奥から人里に出て来ると考えられていたのです。

その他「ほととぎす」の習性として、夜に鳴くこと、雨の日も鳴くこと、一ヵ所に留まらず飛び回りながら鳴くこと、そのため姿が見えないことがあげられます。百人一首にある後徳大寺左大臣の、

ほととぎす鳴きつる方をながむればただ有明《ありあけ》の月ぞ残れる（千載集一六一番）

はその習性を見事に詠じています。今年のほととぎすの初音が楽しみですね。

お茶の伝来（夏も近づく八十八夜）

「夏も近づく八十八夜」で始まる「茶摘み」という歌はご存じですよね。では「八十八夜」はどうでしょうか。これは立春から数えて八十八日目に茶摘みを始めるということです。二〇一八年は五月二日が八十八夜でした。ということで、今回はお茶の話をしましょう。ツバキ科の茶の木は、帰化植物とされています。もともと亜熱帯地域に分布するものですから、日本でも寒い東北以北では育ちませんでした。ではいつ頃誰が日本に持ち帰ったのかですが、残念ながら詳しいことはわかっていません。

ただ茶の木の葉から製造される「茶」には、カフェイン・カテキン・テアニン（アミノ

酸）・ビタミンCなどが豊富に含まれているので、おそらく古くは漢方薬として輸入していたと思われます。と同時に、茶は仏道修行の常備薬（眠気覚まし・ビタミンC補給）としても重宝されていたので、奈良時代には遣唐使や遣唐僧によって日本に伝えられていたと思われます。

確かなところでは、平安初期の嵯峨天皇の時代があげられます。八〇五年に帰朝した最澄が種を持ち帰って比叡山《ひえいざん》に植えたとか、翌八〇六年に帰朝した空海も、中国から持ち帰った茶を嵯峨天皇に献上したとされています。また嵯峨天皇は離宮に空海を招き、そこで茶を飲みながら終日語り合ったことを漢詩に残しています（『経国集』）。

最古の献茶記録としては、『日本後紀』弘仁《こうにん》六年（八一五年）四月二十二日条に、嵯峨天皇が近江国《おうみのくに》に行幸された折、天智天皇ゆかりの梵釈寺《ぼんしゃくじ》で僧永忠が茶を献じたという記録があります。こうして平安時代には茶の栽培が始められていたのでしょうが、本格的な栽培は鎌倉時代になってからでした。

臨済宗の開祖である栄西は二度も宋《そう》に渡って修行し、お茶を持ち帰っただけでなく、中国で経験した飲茶の習慣を日本にもたらしました。栄西の著した『喫茶養生記』（承元五年成立）には、お茶の効能だけでなく栽培法まで記されています。歴史書『吾妻鏡《あずまかがみ》』によれば、二日酔いで苦しんでいた三代将軍 源 実朝《みなもとのさねとも》に『喫茶養生記』を献上して、喫茶の効能を説いたことが記されています。

その後、華厳宗《けごん》の明恵上人《みょうえ》は、京都栂尾《とがのお》の高山寺で茶の栽培を始めました。そこから徐々に各地でも茶の栽培が行われるようになったとされています。中でも宇治の酸性土壌と湿気が茶の栽培に適しており、足利《あしかが》幕府以降信長や秀吉にも保護され、そこで良質の茶（宇治茶）が生産されました。その一方、十五世紀後半に村田珠光《じゅこう》がわび茶を創出し、それが武野紹鷗《たけのじょうおう》を経て千利休によって「茶の湯」として完成されました（本場の中国や朝鮮では茶道のような発展はしていません）。

ところでみなさん「茶色」って変だと思いませんか。お茶というと緑色を思い浮かべるのに、どうしてブラウンなのでしょうか。それは長い茶の歴史を知れば納得するはずです。もともと古い時代の茶は、緑ではなくまさに茶色でした。今でもほうじ茶やウーロン茶は茶色ですよね。それがなんと江戸時代中期に青製煎茶製法《あおせいせんちゃせいほう》が考案されたことで、現在のような緑色のお茶になったのです。それを緑茶と称するのは、もともとお茶が緑色ではなかったからでした。

ここでみなさんに質問です。紅茶と日本茶は同じ茶の葉から作られたものでしょうか、それとも別の葉から作られたものでしょうか。紅茶の生産地はインドとかセイロン（現在はスリランカ）ですから、全く違うもののように思っている人もいるかと思います。ところがどうやら同じ茶の葉なのです。英語の「ティ」も茶（チャ）から変化したものです。では何が違うのでしょうか。それは製法というか、発酵させるか否かの違いでした。日本のお茶は発酵などしていませんよね。それに対して紅茶は完全発酵させて作ります。ウーロン茶は半発酵です。それによって色も味も変わるのです。

かつてヨーロッパでは、発酵させていない日本の緑茶が輸入されていました。特にイギリスでは緑茶が好まれたようです。ところが紅茶が製造されると、緑茶より好まれるようになり、日本からの輸入は大幅に減少してしまいました。そしていつの間にか、イギリス人は昔から紅茶を飲んでいたと錯覚するようになったようです。

五月五日は「端午の節句」

五月五日はこどもの日、端午の節句ともいいます。祝日法で祝日に制定されたのは昭和二十三年（一九四八年）のことでした。そこで質問です。みなさんはこどもの日から何を連想しますか。「鯉のぼり」という答えが多いようですね。「柏餅《かしわもち》」や「粽《ちまき》」も少なくありません。「菖蒲湯《しょうぶゆ》」とか「五月人形」は少数派でしょうか。考えてみると、その日にはいろんなものがごっちゃに入っているようです。これも七夕同様、江戸時代あたりにいろいろ付け加えられた可能性があります。

そもそも「端午」の意味をご存じですか。「午」は干支《えと》の「うま」のことです。かつて「午月」は陰暦五月のこととされていました。また「端」は端っこや初めの意味なので、月の最初の「午」の日のことを指しました。幸い「午」の音が数字の五に通じることもあり、重陽の節句が整えられる中で旧暦五月五日が端午の節句として固定されたのです。

もちろんこれは日本古来の年中行事ではありません。もとは古い中国の行事でした。紀元前三世紀のことです。楚《そ》の国に屈原という有名な詩人・政治家がいました。懐王への忠言が聞き入れられず、彼は失意のうちに汨羅《べきら》という川に石を抱いて入水しました。周囲の人々は笹の葉に包んだ米飯（粽の起源）を川に投げ入れ、屈原の遺体が魚に食べられないようにしたということです。それがちょうど五月五日のことでした。ですから五月五日は屈原の命日に当たります。その後、屈原を偲《しの》んで五月五日に粽を食べる風習が始まったのです。

それとは別に、端午と夏至《げし》の日に粽を食べて暑い夏を乗り切るという風習が、中国に古くからあったといわれています。それが奈良時代に日本に伝わって、暑い夏に病気や災厄を避ける行事として定着していったようです。宮廷ではこの日薬玉《くすだま》を作ったり家の軒に菖蒲やよもぎを飾ったりしました。ですから当初五月五日は、子供の行事でも男の子の節句でもなかったのです。

鎌倉時代（武家社会）になると、菖蒲の葉が剣状になっていること、また菖蒲が「尚武」に通じるところから、武家の男子のお祝いへと変貌《へんぼう》していきました。さらに江戸時代になると、徳川幕府は三月三日の女の子の節句の対として、五月五日を武士の男の子のお祝いの日に定めました。それ以降、その日は門の前に馬印や幟《のぼり》を立ててお祝いするようになりました。また鎧兜《よろいかぶと》や刀・武者人形も飾られました。これは武家の男の子の健やかな成長を願ってのことです。

それに連動して、その日菖蒲湯に入る習慣もできてきました。もともと菖蒲は邪気を祓《はら》う薬草として活用されていたからです。端午の節句は春から夏への季節の変わり目でもあり、体調を崩しやすいとされていました。そこで菖蒲湯に入って、心身ともにリラックスする効果が期待されたのです。

江戸中期になると、端午の節句は徐々に一般庶民の行事としても広がっていきました。また鎧など必要ない庶民ですが、武家を真似て作り物の兜や鎧を飾るようになりました。さらに町人は、雛人形の男の子バージョンとして、金太郎や武者人形も飾られました。それというのも『後漢書』に「龍門の滝を登った鯉は龍になる」とあることから、「鯉のぼり」に子供の立身出世が祈願されたからです。なんと鯉のぼりは、江戸の町人のアイデアで武士を模倣して創作されたものだったのです。みなさんご存じでしたか。

「柏餅」をめぐって

こどもの日には粽や柏餅を食べる風習がありますが、ではいつ頃から食べられていたのでしょうか。調べてみると、粽に較べて柏餅は歴史が浅いことがわかりました。その初出は万治三年（一六六〇年）以降とされており、江戸時代になって登場した新しい食べ物のようです。

江戸後期の随筆家である山崎美成《よししげ》の『世事百談』（天保《てんぽう》十四年刊）には、

端午の日に柏の葉に餅を包みて、互《たがひ》に贈るわざは、江戸のみにて他の国にはきこえぬ風俗にして、しかも又ふるき世よりのならはしにもあらざるにや、ものに見えたることなし。徳元が俳諧《はいかい》初学抄に、五月の季に見えず、かかれば寛永の頃より後のことか。寛文年間のものとおもはるる酒餅論《しゆべいろん》といふ冊子に、弥生は雛のあそびとて、よもぎの餅や、端午にはちまきのもちや、柏餅、水無月はじめの氷餅、

云々《うんぬん》と記されています。美成の調べによると、斎藤徳元の『俳諧初学抄』（寛永十八年刊）に柏餅が出ておらず、『酒餅論』（寛文元年以降刊）からようやく出ているので、文献的に

はその頃に江戸で食べられるようになったと考えられます。

　餅自体は上新粉で作ったものです。その中に餡《あん》を入れて二つ折りにし、それを柏の葉で包んだらできあがり。ですから、葉っぱがなければただの「しんこ餅」です。要するに餅が重要なのではなく、包んでいる葉っぱの方に意味があるのです。ではどうして柏餅が作られるようになったのでしょうか。それは柏という植物の特性が絡んでいるようです。柏はブナ科の落葉樹ですが、秋に枯れた葉は木に付いたままで冬を越し、春に新芽が出ると落葉します。その特徴から武士階級で、家系が途切れず子孫が繁栄する縁起物とされたのです。江戸の武士の間で始まったものが、参勤交代によって徐々に全国に広まっていきました。

　この柏という漢字、中国ではヒノキの仲間であるコノテガシワのことを意味しています。同じ漢字でも、日本と中国では指す植物が違っていたのです。それだけではありません。柏があまり自生しない関西では、サイズの小さいサルトリイバラの葉で代用されていました。そのため大きい柏の葉では餅を「くるむ」といい、小さいサルトリイバラの葉では餅を「はさむ」といって使い分けられていたそうです。さてみなさんの食べている柏餅の葉っぱはどっちでしたか。現在は韓国や中国から柏の葉を大量に輸入しているので、全国的に統一されているとのことですが。

　ところでみなさんは、柏餅を葉っぱごと食べますか。桜餅の葉だったら食べるけれど、柏餅の葉は食べないという意見がほとんどかと思います。もちろん食べても毒ではありませんが、おいしくないですよね。この葉っぱを食べてしまった有名な人がいます。それは昭和天皇でした。長らく昭和天皇の料理番をしていた渡辺誠さんの『昭和天皇　日々の食』（文藝春秋、二〇〇四年）によると、ある日、昭和天皇のおやつに柏餅をお出ししたところ、衝立《ついたて》の向こうで昭和天皇が「美味《おい》しくない」とおっしゃったそうです。それを耳にして体が凍りつきました。しばらくして恐る恐る皿を片付けに行ったところ、皿の上に柏の葉の葉脈だけが残っていたそうです。

実は皇室には、皿に盛り付けてあるものはすべて食べる（食べなければならない）という約束事がありました。骨付きの肉を出そうものなら、骨までガリガリ食べなければならないので、必ず骨を取って出さなければなりません。そのことをうっかり忘れて葉っぱごとお出ししたため、昭和天皇は葉っぱまで召し上がってしまったのでした。「美味しくない」とおっしゃるのも当然ですよね。せめて包んである葉っぱを開いておけば、餅だけ召し上がったでしょうに。

その後、渡辺さんが上司からこっぴどく叱られたのはいうまでもありません。

「葵祭」と『源氏物語』

五月十五日は葵祭《あおいまつり》の当日ですね。ではみなさんは葵祭について、どれくらい知っていますか。面白いことに、ほとんどの人は単独の葵祭ではなく、『源氏物語』葵巻に描かれた葵の上と六条御息所《ろくじょうのみやすどころ》との車争いによって、副次的に葵祭のことを記憶しているのではないでしょうか。そのためとんでもない勘違いをしている可能性があります。みなさんは大丈夫でしょうか。

そもそも葵祭は平安朝の初期、弘仁元年（八一〇年）に始められた賀茂《かも》神社（今は上賀茂神社と下鴨神社）の例祭です。嵯峨天皇が伊勢の〈斎宮〉にならって賀茂の〈斎院〉を設け、自身の皇女・有智子《うちこ》内親王を初代斎院に任じたのがその起こりとされています。その後斎院制度は廃絶してしまいました。現在は観光行事の要素が付加されていますが、賀茂神社の祭礼として行われています。ですから皇族の〈斎王（斎院）〉に代わって、民間から〈斎王代〉が選ばれています。それでも京都三大祭（葵祭・祇園祭《ぎおんまつり》・時代祭）の一つとして賑《にぎ》わっています。また今でも宮内庁から職員（勅使）が派遣されていることで、日本三大勅祭の一つ（春日祭《かすがまつり》・石清水祭《いわしみずさい》〈南祭〉・葵祭〈北祭〉）にもなっています。

『源氏物語』葵巻にはこの葵祭について描かれています。冒頭に桐壺帝《きりつぼてい》が譲位し、弘徽殿《こきでん》腹の東宮（朱雀帝《すざくてい》）が即位したことが書かれています。新たに斎院も卜定《ぼくじょう》されました。新帝最初の祭りということで、例年より賑やかに行われたようです。その目玉商品は、当時宰相兼右大将だった光源氏が御禊《ぎょけい》の行列に供奉《ぐぶ》することです。

これは行列を盛り上げるための特別なはからいなのですが、大将という重々しい源氏の職掌からすれば、自分より格下の役目を仰せつかったことになります。光源氏にとってみれば、決して素直に喜べる役目ではありませんでした。そこに朱雀帝新体制（右大臣一派）による源氏の臣下としての据え直しが、密《ひそ》かにそして確実に行われていることが読み取れます。

光源氏に連動して、源氏に従う随身に関しても右近将監《うこんのじょう》が任命されています。実はこれも格下の役目であり、必ずしも名誉なものではありませんでした。この右近将監は、光源氏の分身として機能させられているように読めます。そういった政治的なかけひきを背後に含みながら、斎院の御禊が表向き盛大に行われているのです。

この御禊という儀式は、正式には賀茂川で行われるものですが、現在は賀茂神社内の御《み》手洗川《たらしがわ》（池）で行われています。それが終わった後、斎院一行は一条大路を通って紫野の斎院に入ります。その行列を見物しようと、一条大路には立錐《りっすい》の余地もないほど物見車が立ち並びました。

実は今回の行列のメインは、新斎院ではなくやはり光源氏でした。美しい源氏の姿が見られるとあって、遠方からも見物客が押し寄せています。源氏と関わりのある女性たちも競って見物にやってきました。後からやってきた葵の上一行は、準備不足で場所の確保もしていませんが、そこは権勢を誇る左大臣家の地位と権力に物を言わせ、身分の低そうな牛車を無理やり立ち退かせます。たまたまそれが身をやつして見物に来ていた六条御息所の網代車《あじろぐるま》だったのです。

これが有名な葵の上と六条御息所との「車争い」の真相です。要するにこの「車争い」は、正しくは「車の所争い」（場所取り）なのです（吉海「源氏ゆかりの地を訪ねて—賀茂例祭と車争い—」『源氏物語の鑑賞と基礎知識9葵』（至文堂）平成十二年三月）。しかも「車争い」とは名ばかりで、実際は葵の上方による一方的な乱暴狼藉《ろうぜき》でした。それを正妻と愛人（妾《めかけ》）の身分差の喩《たと》えと見ることも可能でしょう。この時の屈辱的な敗北が、御息所の生き霊を誘発する契機となり、物語は葵の上の死へと大きく展開することになります。

ところで最初に述べた勘違いですが、この有名な「車争い」が起こったのは、決して葵祭の当日ではありませんでした。それは祭り以前の午《うま》または未《ひつじ》の日に行われる斎院御禊の日のできごとだったのです。それにもかかわらず、車争いを祭りの当日と勘違いしている人が少なくありません。みなさんは大丈夫でしたか。

では葵祭の当日はというと、斎院一行は紫野の斎院を出発して賀茂神社へと向かいます。その日、光源氏はオフで、公的な仕事はありませんでした。そこで紫の上を誘って祭り見物に出かけます。この時源氏も場所取りをしていなかったのですか、幸いなことに老女源《げんの》典侍《ないしのすけ》から絶好の場所を譲ってもらいます。その際、源氏の恋人を気取る源典侍は、源氏が誰か特別な女性（紫の上）と同車していることを咎《とが》めます。

先の御禊の日の「車争い」が、葵の上と六条御息所の対立であったのに対して、祭りの当日は、源典侍と紫の上の対立（もう一つの車争い）が描かれていることになります。この場合、紫の上の素性は秘められたままですから、紫の上が勝ったことになります。あまり目立ちませんが、このことは重要な要素の一つでした。というのも「葵」という植物は、単に祭りに必要なだけでなく、「逢《あ》ふ日」という掛詞としても機能しているからです。

そう考えると葵巻のもう一つのクライマックスは、後半に描かれている光源氏と紫の上の新枕ということになります。これこそがもう一つの「逢ふ日」なのです。これによって源氏の妻の座が葵の上から紫の上へ引き継がれたことになります。『源氏物語』ではこういった掛詞の面白さ・重さがわからないと、物語を本当に味わったことにはなりません。

「牡丹」からの連想

みなさんは「牡丹《ぼたん》」から何を連想しますか。美人の喩《たと》えですか。花をめでる人なら、長谷寺《はせでら》の牡丹が思い浮かぶかもしれません。花よりも食欲のある人は、「牡丹餅《ぼたもち》」「牡丹鍋《なべ》」ですね。お酒の銘柄に「白牡丹《はく》」「司牡丹《つかさ》」もあります。俳句好きの人なら、与謝蕪村の「牡丹散り（っ）て打ち重なりぬ二三片」という句が口をついて出るでしょう。落語好きの人だったら怪談「牡丹灯籠《どうろう》」もあります。老婆心ながら、洋服に付ける釦《ぼたん》はポルトガル語由来のものですから、牡丹の花に似ているから命名されたというわけではありません。

　ごく少数かもしれませんが仁侠《にんきょう》映画が好きな人は、高倉健あるいは藤純子（緋《ひ》牡丹のお竜）と答えるのではないでしょうか。高倉健の「昭和残侠伝」シリーズの「唐獅子《からじし》牡丹」は、東映映画で主題歌とともに大ヒットしましたね。この唐獅子と牡丹は、百獣《ひゃっ》の王と百花《か》の王という絶妙の取り合わせということで、絵画や彫刻などの題材ともなっています。左甚五郎作とされる南禅寺方丈の欄間の透かし彫りは、「竹に虎」と一緒に有名です。

　それとは別に、花札に「牡丹に蝶」の図柄があるのはご存じでしょうか。これは六月札の役札です。この札は、花札をよく知っているかどうかを試すメルクマールとしても機能しています。札に書かれている二匹の蝶は上にあるのが正しいのか、下にあるのが正しいのでしょうか。これは札に赤い雲があることに注目してください。この赤い雲は役札であることを示す印なのですが、これが上にくるように置くのが正しい置き方になります。当然蝶は下向きになります。

　さて牡丹と蝶の取り合わせですが、本場中国にはこの絵画資料が見当たりません。古い牡丹の絵に蝶は描かれていないのです。ですからこれは日本で組み合わされた可能性があります。葛飾北斎《かつしかほくさい》の絵が有名です。もっとも中国の『荘子』に、荘周が夢で胡蝶《こちょう》となったという故事があるので、それが下敷きになっていると考えられています。その話が日本に伝来した後、同じく中国伝来の牡丹と合体させられたのではないでしょうか。あるいは白楽天の漢詩「牡丹芳」に蝶が出ているので、これが出典かもしれません。たとえそうであっても、これは日本で創作された中国趣味の構図ということになりそうです。

では牡丹はいつ頃日本に伝来したのでしょうか。伝承では、あの空海が持ち帰ったとされています。おそらく平安時代初期に遣唐使（遣唐僧）によってもたらされたのでしょう。もちろんそれは花が美しかったからではありません。牡丹が鎮痛消炎効果を有する薬草だったからです。

驚かれるかもしれませんが、日本では大輪の花は美的なものとされていませんでした。そのため『万葉集』や『古今集』以下の勅撰《ちょくせん》集には詠われていません。『蜻蛉日記』中巻の鳴滝詣《もう》でに、「牡丹草どもいと情けなげにて、花散りはてて立てる」とあるのが初出でしょうか。次に『枕草子』一四三段「殿などのおはしまさで後」に、「台の前に植ゑられたりける牡丹などの、をかしき事」とあり、ようやく美的に描かれています。それでも『源氏物語』に引用されていないので、美として確立していたとはいえそうもありません。

勅撰集の初出は下って『詞花集』とされていますが、詞書に「牡丹」とあるものの、「咲きしより散りはつるまで見し程に花のもとにて二十日経にけり」（四八番）とあって、歌に牡丹は詠まれていません。次の『千載集』に至って、ようやく「人知れず思ふ心は深見草花咲きてこそ色に出《い》でけれ」（六八四番）と「深見草」として詠われています。平安時代において牡丹は非歌語であり、歌に詠む時は「深見草」という別称（歌語）が用いられていたのです。

室町時代成立の謡曲「石橋《しゃっきょう》」は、牡丹を作品の中に取り入れた古いものの一つでしょう。牡丹がようやく一般化したのは遅れて江戸時代以降であり、盛んに品種の改良が行われました。それが花札や俳句の土壌となっているのです。

六月二十一日は「夏至」

みなさん、六月二十一日は何の日だかご存じですか。はい夏至ですね。では夏至とはどういう日のことでしょうか。これもご承知のように、一年で一番昼の時間が長い日のことを意味しています。天文学的には太陽黄経が九十度になる時のことです。それが起こる日のことを夏至と定めているのです。ただしそれは北半球だけの話です。当然ですが南半球では、逆に一年で一番昼の短い日になっています。丸い地球は不思議ですね。

原則として、夏至は六月二十一日に固定されていますが、四年に一度の閏月《うるうづき》の年には一日プラスされるので、六月二十二日になります。その夏至の反対は冬至ですね。ではどれくらい時間が違うのでしょうか。その前に、一年で昼と夜の時間が同じになるのが、春分の日と秋分の日の二日です。

春分の日からだんだん昼が長くなって、その頂天に夏至があるわけです。冬至と比較すると、なんと四、五時間も昼が長くなっています。因みに二〇一七年の大阪の夏至は、日の出が四時四十五分で日の入が十九時十四分でした（昼が十四時間二十九分）。

それだけではありません。夏至になると、日の出・日の入りの方角が最も北寄りになります。そのため三重県にある二見浦の夫婦岩では、この夏至の前後だけ二つの岩の間から太陽が昇ります。当然、その時期には観光客で賑わうとのことです。

因みにシェークスピアの喜劇に「A Midsummer Night's Dream」がありますね。その「Midsummer」が夏至のことだということで、坪内逍遙はこれを「真夏の夜の夢」と訳しました。ところが作品を読むと、五月祭の前夜（四月三十日）のできごととなっていることから、「真夏」（夏至・盛夏）では季節的におかしいということで、土居光知や福田恆存《つねあり》などは「真」を取って「夏の夜の夢」と訳しており、それが現在一般的になっているそうです。みなさんはどちらで習いましたか。

「Midsummer」といえば、ヨーロッパでは人間の性欲が一番かきたてられる日とされているそうです。それはすなわち、男女の出会いを促進する日でもありました。そういった意味を有する「真夏」がいいのか、時期的に「夏」の方がふさわしいのか、難しいところです。

ついでですが旧暦を見ると、夏至の始まりには「及東枯」と書かれています。何と読むかわかりますか。これは「なつかれくさかるる」と読みます。「及東」だけで「夏枯草」

（漢方薬の靫草《うつぼぐさ》の古名）のことを指しています。寒い冬至の頃に芽を出し、夏至の頃に枯れたように見えることからそう命名されたようです。ですから冬至の項には反対に「及東生」（なつかれくさしょうず）と書かれています。

ところで冬至の日には冬至かぼちゃを食べる風習がありますね。春分の日・秋分の日には、ぼたもち・おはぎを食べます。では夏至には何を食べるのでしょうか。実は夏至だけは、何かを食べるということが定まっていないようです。というのも、かつて夏至は田植えのシーズンでした（ちょうど梅雨の時期です）。ですから忙しすぎて、食を楽しんでいる暇はなかったのです。

むしろ田植えが終了する半夏生《はんげしょう》（七月二日）の頃に、労働の疲れを癒《いや》すもの・栄養のあるものを食べたようです。特に関西では蛸《たこ》の旬ということもあって、好んで蛸の料理が食べられました。夏至から小暑（七月七日）までの期間も夏至と称しているので、蛸こそが夏至に食べられる食べ物といってもよさそうです。

冬至かぼちゃに対抗して、夏至すいかも悪くないなと思いましたが、既に七月二十七日がすいかの日に決まっていました。それならメロンはどうかと思って調べてみると、六月六日がメロンの日になっていました。残念！

六月三十日は「水無月祓い」

六月三十日（晦日《みそか》）は「水無月祓い《みなづきばらい》」の日です（旧暦では六月二十九日）。別名「夏《な》（名）越《ごし》の祓い」とも呼ばれていますが、これは厄除け・疫病予防の年中行事として行われているものです。古く『拾遺集』に「水無月の名越しの祓へする人はちとせの命延ぶといふなり」（二九二番）という歌があることから、少なくとも千年以上前から行われていたことがわかります。

普通、一年の終わりは十二月三十一日（大晦日）ですよね。その日に行うのが「年越しの祓い」です（年越しそばを食べます）。一年を二分割すると、六月三十日はちょうど半年（前半）の終わりの日（晦日）になります。その日には人々の罪や穢れ《けが》れを祓い、新しい次の半年（後半）を健やかに迎えることを願って、川などで大祓詞《おおはらえことば》が読み上げられていました（本来は宮中祭祀《さいし》）。

それとは別に、紙人形（身代わり）に息を吹きかけたり、その紙人形で体を撫《な》でて穢れを人形に移した後、川や海に人形を流すという厄祓いも行われていました。最近でも、名前と年齢を書いた紙人形を流す行事が、多くの神社で行われています。きれいな水には清めの作用があるので、体に付いた穢れや罪などを水の力で取り除くのが「みそぎ（水削ぎ)」の語源なのです。

近年はもっと手っ取り早く、茅《ち》の輪くぐりが行われています。これは旅人を助けた蘇民《そみん》将来《しょうらい》という人の故事に由来しているのですが、その旅人からお礼にもらった茅の輪によって、流行していた疫病にかかることなく子孫が繁栄したことから、後に水無月祓いに組み込まれたのでしょう。

この茅の輪は、一回くぐればそれでいいのではありません。ちゃんと作法があります。正式には三回くぐることになっています。まず正面からくぐって左回りに戻り、次にもう一度くぐって今度は右回りに戻り、さらにくぐるとちょうど数字の八の字を描いたことになります。そのまま左回りに正面に戻ってください。そしてもう一度茅をくぐってまっすぐ進み、神社の正殿にお参りします（都合四回くぐることになります）。

なお三回くぐる際には、先にあげた『拾遺集』の歌を呪文《じゅもん》のように唱えることになっています。またくぐる前には一礼し、左回りの時は左足で、右回りの時は右足で輪を跨《また》ぎます。茅の輪をくぐったことのある人はたくさんいると思いますが、この作法通りにくぐった人はどうでしょうか。今年はぜひこの作法を覚えて、半年間の厄落としをしてみませんか。

ところで私が京都に赴任してきて、ちょっと驚いたことがあります。それは「水無月」という和菓子に出会ったことです。九州でも関東でも目にしたことはありませんでした。

京都では和菓子屋さんだけでなく、スーパーの店頭にも並んでいます（学食のデザートにもありました）。あの三角形で上に小豆《あずき》の載っているお菓子です。

そこで詳しく調べてみると、三角形のういろう生地は、氷をイメージしていることがわかりました。その頃は特に暑いので、暑気祓いの意味もあったのです。また小豆は悪霊を祓うとされています。ですから水無月祓いの日（あるいはその前後）にこれを食べると、厄落としだけでなく食欲不振にも効果があると信じられています。

私同様、地方から京都に来た人は、異文化体験だと思ってぜひ「水無月」を味わってみてください。さあ厄祓いして暑い夏を乗り切りましょう。

「梅雨」に思うこと

今年も梅雨のシーズンがやってきました。「梅」は中国渡来の植物ですから、当然「梅雨」という熟語も漢詩が初出とされています。ところで明日は遠足という日、軒下にてるてる坊主（古くはてりてり坊主）を吊《つ》るした経験はありませんか。そこには、楽しみにしている遠足が雨天中止にならないように、「明日天気にしておくれ」という願いが込められていたはずです。「てるてる坊主」という童謡では、もし願いが叶《かな》わなかったら「そなたの首をちょんと切るぞ」という恐い脅し文句まで添えられていました。

そもそも「雨」は空から降ってくるものです。それは到底人知の及ばない神のなせるわざと考えられていました。ですから「雨」の語源は同音の「天」とされています。そう考えると、「てるてる坊主」は神の依《よ》り代《しろ》（分身）であり、本来は降り続く雨がやむことを神様にお祈りするものでした。もともと人間というのはわがままな生き物で、雨が降ってほしくない時もあれば、逆に雨が降ってほしい時もあります。農業を営む人にとって、旱《かん》魃《ばつ》が続くと農作物に被害が出るからです。そのため日照りが続く時には「雨乞《あまご》い」が行われました。

有名な話として、小野小町が神泉苑で「ことわりや日の本ならば照りもせめさりとてはまた天（雨）が下とは」という歌を詠んで雨を降らせたといわれています。ここでは「日本」だから日が照るのは当たり前だが、「天の下」ともいうから「雨」も付き物のはず、と掛詞を用いて理知的に詠じています。この歌に龍神が感応して雨を降らせたというわけです。

このように農耕に結びつく日本人の生活に雨は深く関わっており、そのため雨にまつわる言葉（雨語？）も少なくありません。みなさんはいくつぐらいあげられますか。季節との結びつきということでは、「春雨・秋雨」はよく耳にします。「春雨じゃ、濡《ぬ》れてまいろう」という月形半平太のセリフはあまりにも有名ですね。半面、「夏雨・冬雨」はあまり聞いたことがありません。夏は「夕立」、冬は「氷雨《ひさめ》」が使われるようです。芭蕉の「五《さ》月雨《みだれ》を集めてはやし最上川」も知られています。誤解されているかもしれませんが、この「五月雨」こそは梅雨のことでした。「五月晴《さつきば》れ」にしても、現代と違って梅雨の晴れ間の意味なのです。

その「梅雨」は、長く降り続くことから「長雨」とも称されています。それが田植えの合図でもありました。その反対に、すぐやむ雨もあります。こちらは多彩で、「俄《にわ》か雨」「天気雨」「通り雨」「時雨《しぐれ》」などと呼ばれています。なお「時雨」は晩秋から初冬にかけて降る冷たい雨のことですが、季節にかかわらず用いられることもあります。

意味ありげな「狐の嫁入り」という文学的表現もあります。今出川通を歩いていると、日が照っているのに雨が降ってくるとか、通りを挟んで降ったりやんだりという異常な体験をすることがあります。これは日照り雨（「そばえ」ともいいます）と称されるものです。夜になって、月や星が見えているのに雨が降っているという体験もしました。

「雨模様」という言葉は、本来はいかにも降りそうだという意味でしたが、最近では雨の降っている様子という意味で使っているようです。なんとなく心に残るのが「小糠雨《こぬかあめ》（「来ぬか」の掛詞?）」「小夜《さよ》時雨」「やらずの雨」「篠《しの》つく雨」「涙雨」などです。歌謡曲や演歌の歌詞にも「雨語」がたくさん使われていますね。「雨宿り」がきっかけで始まる恋愛もあれば、「どしゃ降り」の雨に濡れながらの別れもあります。『源氏物語』には有名な「雨夜の品定め」があり、また俄か雨の別称として「肘笠雨《ひじがさあめ》」が用いられています。『伊豆《いず》の踊り子』では冒頭の「雨脚」が印象的でした。今でも新聞や雑誌を頭に載せて、降り出した雨の中を走っている人の姿を見かけます。

平安時代の貴族はそういった雨を単なる気象から昇華させ、人間の心の悲しみを雨に託すことを考えました。それがいわゆる「情景一致」の手法です。要するにストレートに悲しくて泣いているとは書かずに、ふと外を見ると雨が降っていると書きます。ですから読者は、それを登場人物の心の表出（涙）と読まなければなりません。

その他、「晴耕雨読」を理想とする生活もあるし、宮沢賢治のように「雨ニモ負ケズ」頑張る人もいます。雨をきっかけとして、いろいろな人生模様が見えてきます。雨にまつわる表現は結構面白いですね。この機会に雨と人生の関わりについて考えてみませんか。

「あじさい」の季節になりました

鬱陶《うっとう》しい梅雨のシーズンになりました。こんな季節には「あじさい」が一服の清涼剤になります。その「あじさい」は花の色が変わることで有名ですね。それで「七変化」と称されています（花言葉は「移り気」です）。ではなぜそういわれているのでしょうか。

一つには土壌のｐＨ濃度、つまり酸性か弱アルカリ性かで色が分かれることです。酸性であれば、アルミニウムイオンが溶けてアントシアニン色素と結合するので、花は青くなります。それが中性か弱アルカリ性であれば、アルミニウムイオンが溶けないので、花は赤いままです。昔は「あじさい」の根元に一円玉を埋めると花が青くなると信じられていましたが、それはどうやら眉唾《まゆつば》のようです。もう一つ、土壌とは関係なく「あじさい」は咲き始めから咲き終わりまでの間に、淡緑色→白→藍《あい》（青紫）→淡紅色と自ら色を変えていきます。その日々の変化を追いかけるのも楽しみの一つです。

ここでみなさんに質問です。「あじさい」を漢字でどう書きますか。はい「紫陽花」ですね。ただしこれにはいささか問題があります。もともとこの漢字表記は、唐の白楽天が最初に漢詩（紫陽花詩）に用いたとされています。それを平安時代の源順《みなもとのしたごう》が『和名類聚抄《わみょうるいじゅしょう》』（和名抄）という古辞書の中で、「白氏文集律詩云紫陽花和名安豆佐為」と書いたのが最初だとされています。これによって「あじさい」に「紫陽花」という漢字があてられるようになったわけです。

ところが、白楽天の見た「紫陽花」はいい香りのする花だったらしく、今のライラック（リラ）ではないかとされています。ですから中国で「あじさい」のことを「紫陽花」と表記していたわけではなかったのです。要するに源順が勘違いしてあてた漢字が日本で定着してしまい、今日までそのまま用いられることになったようです。よくぞ勘違いしてくれたものです。

もちろん日本にはもっと前から「あじさい」がありました。古く『万葉集』に、

こと問はぬ木すら味狭藍《あぢさゐ》もろちらがねりのむらとにあざむかえけり
（七七三番大伴家持）

安治佐為《あぢさゐ》の八重咲くごとくやしろにをいませ我が背子見つつ偲はむ
（四四四八番　橘　諸兄《たちばなのもろえ》）

というあじさいの歌が二首載せられているのがそれです。なおこれは「がくあじさい」（日本原産）のこととされています。

平安時代、「あじさい」は辞書類には記載されていますが、『枕草子』や『源氏物語』などの女流文学には一切登場していません。『古今集』以下の勅撰八代集にも見えないので、どうやら平安時代において「あじさい」は貴族が称讃《しょうさん》するような美しい花ではなかったようです（野生の植物）。かろうじて『古今六帖《こきんろくじょう》』に、

茜《あかね》さす昼はこちたしあぢさゐの花のよひらに逢ひ見てしがな

が出ているくらいです。この歌にある「よひら」とは、萼《がく》が変化した花弁が四枚あることです。ここから「あじさい」の別称として「よひら」「よひらの花」と呼ばれるようになりました。

それ以降も文学では「あじさい」の不人気が長く続きます。その「あじさい」が話題になるのは、下って江戸後期でした。日本にやってきたドイツ人のシーボルト医師が、日本女性の楠本滝《くすもとたき》と恋仲になり、なんと「あじさい」の学名を「おたくさ（お滝さん）」（ハイドレンジア・オタクサ）にしようとしたとされています。結局それは認められなかったのですが、なぜか植物学者の牧野富太郎がそれを真に受けて、学術雑誌の中で、

シーボルトはアヂサイの和名を私《わたくし》に変更して我が閨《ねや》で目じりを下げた女郎のお滝の名を之《これ》に用いて大いに其《その》花の神聖を瀆《けが》した。

と本気で非難しています。しかしこれによってかえってこの話は有名になり、真実味を増してしまいました。長崎で生まれ育った私は、今もこの起源説（ロマンス）を信じています（長崎市の花はもちろん「あじさい」です）。

なお「あじさい」の花や葉には毒があり、食べると軽い食中毒を起こす場合がありますから、くれぐれも口にしないようにしてください。またあじさいの葉に食べ物を盛るのも禁物です。

桃太郎のとがった「桃」について

再び「桃」の話題です。中華料理屋さんの店名を見ると、「福」や「龍」以外に「桃」の字がよく使われていることに気づきませんか。その理由の一つは、もともと「桃」が中国伝来の植物だからでしょう。また中国には「桃源郷」という理想郷がありました。陶淵《とうえん》明《めい》の『桃花源記』は「桃源郷」を描いたものとして有名です。その「桃」は長寿や健康の象徴になっています。さらに「桃」には不思議な霊力・生命力があり、邪気（鬼）を祓うと信じられていました。だからこそ昔話の桃太郎は、鬼退治ができたのです。

その桃太郎の出生にはいろんなパターンがあります。おじいさんが桃を一人で食べて赤ん坊になったという話、おばあさんとおじいさんが桃を食べて若返り、おばあさんが妊娠して子を産んだという話（回春談）もあります。現実的な話として、子供を産めないおばあさんが若い娘をおじいさんにあてがい、その娘が産んだ子を桃太郎として育てたというすごい話もあります。はなはだしいものは、桃太郎は実は女の子だったとか、桃太郎はとんでもない悪ガキで、善良な鬼の財産を力ずくで奪ってきたというパロディものもあります。

それとは別に風水と関わる方角に、鬼門と裏鬼門がありますね。鬼門は丑《うし》と寅《とら》の間（北東）がそれに当たります。鬼が角を生やして虎の皮のパンツをはいているのは、丑（牛）・寅（虎）の方角だからでしょう。その反対が裏鬼門（南西）ですが、未《ひつじ》・申《さる》（猿）に続いて酉《とり》（雉）・戌《いぬ》（犬）が並んでいます。こじつけかもしれませんが、桃太郎のお供をした猿・雉・犬はこの方角の並びから案出されたともいわれています。

ここで質問です。みなさんは小さい頃に桃太郎の絵本を見たことがありますよね。その絵本で「桃」がどんな形に描かれていたか、思い出してみてください。おそらく丸い形ではなかったはずです。昔から絵本に描かれる桃は、果物屋さんの店頭に並んでいる丸い桃とは形が違っていました。そう、絵本の桃は先がとがっていたはずです。それにもかかわらず、大人になってからも変だなとか不思議だなという声はあまり聞きません。一体どうしてなのでしょうか。

そこでとがった「桃」の正体を調べてみました。どうやらこの「桃」は、中国の「天津《てんしん》桃《もも》」という品種のようです。昔は普通に売られていたようですが、甘くてみずみずしい「水蜜桃」という品種に押されて、さっさと果物屋さんの店頭から姿を消してしまいました。かろうじて群馬や奈良では、今もわずかに生産されているとのことです。

かつて北京を訪れた際、街中でとがった「桃」を探してみましたが、どこにも見当たりませんでした。町の人に尋ねてみても、何を質問されているのかわからない様子でした。ただし万里の長城の参道で売られていたという情報もあります。あるいは北京ではなく、天津に行かなければ埒《らち》が明かないのかもしれません。そういった事情であるにもかかわらず、絵本の中ではとがった「桃」が今日まで幅を利かせてきました。逆に一般的な丸い「桃」は、絵本では全く不人気のようです。

ところでＪＲ岡山駅前の広場には桃太郎の銅像が設置されていますね。岡山こそは桃太郎発祥の地だと宣言しているわけです。ただし岡山が桃太郎誕生の地である証拠は何もありません。「鬼が島」は全国至る所にあります。「吉備《きび》団子」と「黍《きび》団子」にしても、同音という以上の関係は見当たりません。岡山名産となっている「桃」など、明治以降に栽培されるようになったとのことです。むしろ桃太郎の話を町おこしに積極的に活用しているのではないでしょうか。

それとは別に、一風変わった桃太郎の人形があります。それは奈良の「せんとくん」を作った籔内佐斗司さんの作品ですが、なんと生まれたばかりの桃太郎が、桃を切ろうとしている包丁を真剣白刃取《しんけんしらはど》りしているものです。もちろんそんな展開は昔話にはありませんが、非常にユニークな構図として評判になりました（作者は類似のものを複数作っているようです）。最近はそれをヒントにしたゲーム「桃太郎の白刃取り」まで製作されています。

なお私は長崎出身ですが、長崎には「桃カステラ」という変わったお菓子があります（中国由来かもしれません）。それはお祝い事があった折に配られる縁起菓子です。カステラの生地の上に「桃」の形をかたどった砂糖菓子を載せているのですが、それが見事に先のとがった「桃」なのです。小さい頃よく食べました。それもあって私は、桃太郎のとがった「桃」がずっと気になって仕方がないのです。

祇園祭の「保昌山」

毎年七月に行われている祇園祭は、夏の京都を彩る風物詩として、毎年大勢の観光客が見物に訪れています。祇園祭は京都三大祭（葵祭・時代祭）であると同時に、日本三大祭（大阪天神祭・東京神田祭）の一つでもあるので、賑やかなのも当然ですね。

その起源は、平安時代前期の貞観《じょうがん》十一年（八六九年）まで遡《さかのぼ》ります。その頃日本全国で地震や旱魃・疫病などが多発していました。京都でもしばしば疫病が流行しており、そういった災厄を除去するために神泉苑《しんせんえん》で御霊会《ごりょうえ》が行われました。その際、インドの祇園精舎《しょうじゃ》の守護神である牛頭天王《ごずてんのう》（祇園天王）を祀《まつ》ったことで、祇園御霊会と称されたそうです。

当初は御輿渡御《みこしとぎょ》が中心でしたが、鎌倉時代には六十六本の鉾《ほこ》を立てた山鉾巡行も行われるようになりました。その後、応仁《おうにん》の乱（一四六七～一四七七年）により三十三年間も中断していますが、八坂神社の祭礼であることに拘らず、町衆によって町の行事としての山鉾巡行が盛大に行われるようになりました。今でもこちらが祭りのメインになっていますね。かつては旧暦六月の行事でしたが、新暦で七月に行われるようになり、十七日が山鉾巡行の日に定められました。これはいわゆる前祭《さきまつり》ですが、最近は二十四日に後祭《あとまつり》も復興して行われています。

あまり有名ではないようですが、その山鉾の中に「保昌山《ほうしょうやま》」があります。「保昌」というのは平安中期の豪傑・藤原保昌《ふじわらのやすまさ》のことです。山鉾の上に鎧を身に着けた人形があるのですぐわかるはずです。この「保昌山」、古くは「花盗人山《はなぬすびとやま》」と称されていました。その由来は、謡曲「花盗人」にあります。もともと保昌は、晩年に和泉式部と再婚していますが、謡曲では若い頃に宮中で和泉式部を見初《みそ》め、一目ぼれして恋文を送り続けました。和泉式部は保昌の本気度を試すため、紫宸殿《ししんでん》に咲く紅梅を一枝折ってきてほしいと所望します。そこで保昌は夜陰に乗じて忍び込み、警護の武士に矢を射掛けられながらも、無事一枝折って戻ってきました。それで保昌のことを「花盗人」と称しているのです。もちろん保昌は願い叶って和泉式部と結ばれました。

和泉式部の娘である小式部内侍《こしきぶのないし》が、有名な「大江山」歌を詠んでいますが、それは母である和泉式部が夫保昌に従って、ちょうど任国の丹後国《たんごのくに》に下向していた時のことでした。もともと「花盗人」はフィクションですが、この話には看過できない問題があります。既にお気づきの方もいらっしゃるかと思いますが、それは紫宸殿に紅梅など植わってないことです。もちろん平安京が造営された当初は、左近《さこん》の梅・右近《うこん》の橘《たちばな》でした。それは梅が中国文化を象徴する花だったからです。

ところが仁明天皇《にんみょう》の御代《みよ》にその梅が枯れた後、桜に植え替えられました。その後、現在に至るまでずっと左近の桜になっています。ですから平安中期の和泉式部が紅梅を所望するはずはないのです。そこで気になって謡曲「花盗人」を調べてみたところ、ちゃんと「桜」と書かれていました。桜なら歴史的にも問題はありません。

それにもかかわらず山鉾の「保昌山」を見ると、保昌は見事な枝ぶりの紅梅を手にしているではありませんか。出典である謡曲では「桜」なのに、祭りの山鉾は今でも「紅梅」になっているのです。これは祇園祭の謎の一つかもしれません。あるいは梅と武将が登場している別の謡曲「箙《えびら》」（梶原《かじわら》源太景季《かげすえ》）との混同が生じているのでしょうか。

なお、「花盗人山」から「保昌山」への改名について、一般には明治になってからとされていますが、宝暦七年（一七五七年）刊『祇園御霊会細記』には「花盗人山」とあるのに、増補版では「保昌山」となっているので、その頃に変更になったとすべきでしょう。

土用の丑の日

中国には古くから五行説が行われてきました。万物はすべて木・火・土・金・水という五つの元素から成っているという考え方です。太陽系の惑星（水星・金星・火星・木星・土星）の名にもこれが用いられています。またこれに日・月を加えたものが七曜になっています。

これが季節にもあてはめられました。春（青）が木、夏（赤）が火、秋（白）が金、冬（黒）が水です。季節は四季ですから、土（黄）の入る場所がありません。そこで各季節の後ろの十八日を削って、土にあてはめることになりました。十八×四で七十二日となり、五つが均等になります。

もちろん木・火・金・水が連続した七十二日であるのに対して、土用は年に四回存していますの。ちょうど節分と重なります。というより、節分は四立（立春・立夏・立秋・立冬）の前日ですから、当然節分は土用の最終日でもあるのです。

年四回ある土用ですが、江戸時代以降土用といえば夏（立秋前）の土用を指すようになりました。というのも土用の丑の日にうなぎを食べる風習と結びついたからです。ただしこれは必ずしも古くからあった年中行事ではありません。

栄養価の高いうなぎが健康にいいのはいうまでもありません。そのことは『万葉集』の撰者とされている大伴家持が、

石麻呂《いはまろ》にわれもの申す夏痩《や》せによしといふものぞうなぎとり召せ（三八五三番）

痩す痩すも生けらばあらむをはたやはたうなぎをとると河に流るな（三八五四番）

とうなぎの歌を二首詠んでいることからもわかります。

最初の歌は吉田連老《よしだのむらじおゆ》（石麻呂）に、夏痩せでバテているならうなぎをお食べなさいと戯れています。次の歌はうなぎをとろうとして河に入って流されるなと、これまた戯れています。いずれにしても家持の時代から、夏バテ防止の健康食としてうなぎが食べられていたことがわかります。とはいえ、それは土用の丑とは全く無縁でした。特定の土用の丑にうなぎを食べるようになったのは、江戸時代後期の安永・天明頃とされています。しかもそれは自然発生ではなく、発明家として有名な平賀源内が知り合いのうなぎ屋に頼まれて、夏に売れないうなぎを売る方策として「本日丑の日」と書いて店先に貼ったところ大繁盛しました。これが日本初のコピーライティングともいわれています。

当時、丑の日に「う」の字が付くものを食べると夏負けしないという風聞があったのか、「う」の字が付くうなぎが飛ぶように売れたというのです。それを他のうなぎ屋も真似るようになり、夏の土用の丑の日にうなぎを食べる風習が定着していったというわけです。ただしうなぎの旬は秋から冬にかけてですから、夏のうなぎは味が落ちるとされています。夏のうなぎが売れない理由はちゃんとあったのです。

ところで土用は十八日間ですから、これに干支をあてはめると、丑の日が二度ある年も出てきます（珍しくもありません）。二〇一八年は七月二十日と八月一日が丑の日でした。その場合、最初が一の丑で次が二の丑と称されています。うなぎ屋さんにとってはありがたいかもしれませんね。

ついでながら、うなぎの調理法について一言。うなぎは腹から開くか背から開くか二通りあります。大阪では腹開きですが、武士の多い江戸では縁起をかついで（切腹を嫌って）背から開きます。また大阪は地焼きですが、江戸は焼いた後に蒸します。そのため「まむし（真蒸し）」という恐い呼び方もされています。なんだかうなぎの蒲焼《かばやき》を食べたくなってきましたね。

第四部　秋

『都名所図会』（国立国会図書館蔵）

八月七日は「立秋」

旧暦のカレンダーを見ると、二〇一八年は八月七日が立秋になっていました。立秋というのは、太陽黄経が百三十五度になる日のことだそうです。なんだかよくわからない説明ですが、要するに夏至《げし》（九十度）と秋分の日（百八十度）の真ん中ということで、その日が秋の始まりということです。

ただ立秋になったからといって、急に涼しくなるわけではありません。むしろ暑さの頂点を過ぎたと思った方が納得できるかと思います。頂点を過ぎるのですから、当分暑さはやわらぎません。この暑さは「残暑」と表現されています。それを受けて手紙の挨拶《あいさつ》文も、立秋を過ぎると「暑中見舞い」から「残暑見舞い」になります。

ところで質問です。みなさんは何によって秋の訪れを感じますか。目で見てそれとわかるのは、雲の形の変化でしょうか。あるいは赤とんぼが飛んでいるのを見つけた時でしょうか。つくつくぼうしが鳴き出した時とか、夜にこおろぎの声を聞いた時に、ああ秋だなあと感じる人もいるようです。これは聴覚による季節の知覚ですね。

一般には、肌で涼しさを感じた時という答えが多いようです。昼間の暑さは変わらなくても、夕方になって涼しい風が吹くと、ああ秋が近づいているなと感じるようです。古く

平安時代の貴族は、「風の音」によって秋の訪れを感じていました。『古今集』秋上の巻頭には藤原敏行《ふじわらのとしゆき》の、

秋来《き》ぬと目にはさやかに見えねども風の音にぞおどろかれぬる（一六九番）

という歌が置かれています。秋の部の最初ですから、当然「初秋」の歌です。詞書《ことばがき》を見ると「秋立つ日よめる」と記されていました。これこそ立秋の日に詠まれた歌なのです。敏行は、秋の訪れは視覚的にはっきり認識することはできないけれども、「風の音」によって感じられると詠っています。「おどろく」とあっても、決してびっくりするわけではありません。はっと気づくという意味です。完了の助動詞「ぬる」にしても、ここでは詠嘆に近い用法です。むしろ読者の共感・同意を求めているのかもしれません。

そもそも「風」は一年中吹いていますよね。それにもかかわらず、和歌で「風の音」とあったら、それはほぼ秋に限定されていると思ってください。「風の音」は秋に最もふさわしいとされているのです。それは単に聴覚だけではありません。肌で涼しさも感じ取っているのですから、同時に触覚も働いています。聴覚と触覚と二重に秋を感知しているのです。

もちろん立秋の少し前でも、夕方の涼しさは感じられます。百人一首で有名な藤原家隆《いえたか》

の、

　風そよぐならの小川の夕暮はみそぎぞ夏のしるしなりける（新勅撰集《しんちょくせんしゅう》一九二番）

は水無月祓《みなづきばら》い（夏の終わり）の歌ですが、夕方の「ならの小川」をそよぐ風から、家隆は既に秋を看取しています。風の涼しさに秋の訪れを知覚しているのに、暦の上ではまだ夏（六月）という季節のずれがこの歌の主眼なのです。ですから「夏のしるし」とあっても、決して夏が主役ではありません。

　要するに季節の変わり目（境界線）が、和歌では非常に重要なのです。これが四季に富んだ日本の季節感の特徴といえます。みなさんも季節の変わり目には十分注意を払ってください。

七月七日は「七夕」

七月七日は七夕（星祭り）ですね。当日の夜、晴れていたら空を見上げて天の川（ミルキーウェイ）を見つけてください。夏の大三角形はすぐ見つけられますか。天の川を跨《また》ぐこと座のベガが織姫星（織女）で、わし座のアルタイルが彦星《ひこぼし》（牽牛《けんぎゅう》）です。二人は非常に働き者でしたが、夫婦になった途端に怠け者になってしまいました。怒った天帝は二人を引き離し、年に一度だけ逢《あ》うことを許しました。それが一般的な七夕伝説です。

その夜は、彦星と織姫が一年に一度だけ逢える日とされています。ロマンチックですよね。そのため最近では、七夕の夜に星を見ながらデートを楽しむカップルも増えているようです。この牽牛と織女の初出は中国の『詩経』とされています。それが『文選《もんぜん》』の「古詩十九首」になると、既に悲恋の要素が付与されています。しかしまだ七月七日との関連（限定）は認められません。それが梁《りょう》時代の『荊楚歳時記』になると、七夕伝説（悲恋物語）の骨格がほぼ完成しています。

それとは別に、中国には手芸・裁縫などの上達を願う乞巧奠《きっこうでん》という年中行事がありました。ともに七月七日の話なので、いつしか七夕伝説と乞巧奠が結びつき混同されていったようです。それが日本にも伝わり、平安貴族たちはその日技芸の上達を星に祈ったそうです。その際、里芋の葉に置いた露を集めて墨をすり、梶《かじ》の葉に歌を書いて織女星に手向けるのが一般的でした。冷泉家《れいぜいけ》では、現在でも乞巧奠が年中行事（五節句の一つ）として行われています。

やっかいなことに、七夕伝説と乞巧奠の混同だけでは日本の七夕の説明はつきません。というのも、現在メインになっている笹に願い事を書いた短冊を吊《つ》るすという風習は、古い文献に一切見られないからです。要するに短冊は大衆化の中で、後から付け加えられたものということになります。

それをうまく説明するために、棚幡《たなばた》という豊作を祖霊に祈る農耕儀礼（日本的要素）が導入されています。「たなばた」という呼称の一致が、混同の最大の要因のようです。『江《え》戸《ど》鹿子《かのこ》』（貞享《じょうきょう》四年刊）を見ると、「江戸中の子供、短冊を七夕に奉る」とあり、ようやく短冊のことが記されています。ですから現在の七夕は、江戸時代に確立した日本固有の庶民的な風習ということになりそうです。

なお日本では、七夕に雨が降ると二人は逢えないと思われていますが、お隣の韓国では、雨は織女の嬉《うれ》し泣きと考えられており、むしろ雨が降った方が喜ばれているようです。また日本では、彦星（男性）が織姫に逢いに行くとされていますが、中国では織女が牽牛に逢いに行きます。その際、鵲《かささぎ》が羽を広げて織女を渡すことになっています。天の川を渡るのが男なのか女なのか、日本と中国では逆になっているのです。ご存じでしたか。

ところで本来の七夕は旧暦の七月なので、季節は秋でした。それが新暦ではなんだか夏の年中行事のようになっています。そのため七夕を旧暦で行っているところもあります。さらに仙台の七夕まつりなど、月遅れの八月七日に定めて行っています。厳密にいうと七夕の日は現在三種類もあるわけです。

ついでながら、七夕は七日の夜に行われる祭りだと思っていませんか。現在は随分前から笹の飾り付けが行われ、それを昼間見て楽しむイベントに変貌《へんぼう》していますが、かつては六日の夜から七日の朝にかけて行われる祭りだったともいわれています。それは日付変更時点が午前三時だったことによります。六日の夜でも午前三時を過ぎると日付が七日に変わります。これが七日の夜だと、当然八日に変わるからです。ややこしいですね。因《ちな》みに七月六日は、サラダ記念日ならぬ私の誕生日です。

最後にもう一つ、みなさんは恋人がほしいとか、虫のいいお願いを短冊に書いてはいませんか。そんな欲張ったお願いなど神様は叶《かな》えてくれません。せっかくだから自分のやりたいことを表明し、その目標達成に向けて努力することを、神様に誓ってみるというのはいかがでしょうか。

「朝顔やつるべ取られてもらひ水」（加賀千代女）

タイトルの句を見て「あれ変だな」と思った方は、俳句に造詣《ぞうけい》が深い人か、それなりに教養のある人です。何も思わなかった人は金沢出身の人か、俳句に関心のない人です。さて、あなたはどちらでしょうか。

これはよく知られている俳句の一つですから、知っていて当然です。ただし一般には、「朝顔に|つるべ取られてもらひ水」という形で流布しています。ところが千代女の直筆に「朝顔や」と書かれているものがあることから、本場の金沢では「や」の方を奨励してい

るのです（「に」から「や」に推敲《すいこう》）。だから金沢出身云々《うんぬん》と言ったのです。

では「に」と「や」ではどのような違いがあるのでしょうか。なんだか古文の問題のようで申し訳ありません。文法的にはどちらも間違っていません。それならどっちがいいのでしょうか。わかりやすいのは断然「に」の方ですね。朝早く起きて井戸まで水を汲《く》みに行くと、朝顔のつるが釣瓶《つるべ》（の綱？）に巻きついていました。そこで擬人法的にこう詠んだと解釈できるからです。わざわざ「もらひ水」をした理由がはっきりしていますね。

それが「や」だと少々複雑になります。俳句の「や」はいわゆる「切れ字」ですから、一度そこで文が切れます。そのため朝顔と「つるべ取られて」以下が直接結びつきません。ですから即座に誰に取られたのかが判断できないのです。その代わり「朝顔や」とすることで、何より朝顔の花の美しさに感動していることが感じられます。一方「朝顔に」では、朝顔の花の美しさが伝わりにくいのではないでしょうか。それぞれ一長一短があるのです。

もちろんつるが巻きついているだけですから、それをほどいてあるいはちぎって、水を汲むことも可能です。そうしないで近所で水をもらうところが千代女の優しさというか、この句の見どころではないでしょうか。鈴木大拙など「彼女がいかに深く、いかに徹底して、この世のものならぬ花の美しさに打たれたかは、彼女が手桶《ておけ》から蔓《つる》をはずそうとしなかった事実によってうなずかれる」（『禅』所収）と絶賛しています。

それとは別に俳句の近代化をはかる正岡子規は、この句を「人口に膾炙《くわいしや》する句なれど俗気多くして俳句といふべからず」（新聞日本）とバッサリ切り捨てています。というのも、「もらひ水」という趣向が写生から離れて「俗極まりて蛇足」だからというのです。「もらひ水」を秀句とするのか蛇足とするのか、芸術の評価というのは難しいものですね。

ここで少し古典の勉強をしましょう。千代女の詠んだ「朝顔」はどんな植物だと思いますか。というのも、古典に出てくる「朝顔」はなんと普通名詞であり、朝咲く花ならどれも朝顔と称される可能性があるからです。そのため「朝顔」という名の植物には大きな変遷があります。古く万葉の時代、「朝顔」は現在の桔梗《ききょう》のことでした。ですから秋の七草の「朝顔の花」は桔梗のこととされています。

その後、外来種の槿《むくげ》が「朝顔」の座を奪います。さらに同じく外来種の牽牛子《けんごし》も「朝顔」と称されています。それが江戸時代になって淘汰《とうた》され、最終的に牽牛子の固有名詞として「朝顔」が定着し、今日に至っているのです。ということで、時代的に千代女の「朝顔」は牽牛子（現在の朝顔）でよさそうです（桔梗も槿も巻きつきません）。ただし江戸時代にかなり品種の改良が行われていますから、サイズや色や形などは原種とは大きく異なっているかもしれません。

もう一つ、朝顔の季節はいつでしょうか。小学生の頃、夏休みの宿題に朝顔の観察日記を付けた記憶のある人は、ためらわずに「夏」と答えるかもしれません。でも俳句の季語では「秋」になっています。身近な「朝顔」にも、旧暦と新暦のずれが影響を及ぼしていたのです。古典って面白いですね。

秋の七草

早速ですが、「秋の七草」を全部言えますか。「春の七草」と同じように、和歌に仕立てると覚えやすいかもしれません。私は、

はぎ・おばな・ききょう・なでしこ・ふじばかま・くず・おみなえしこれぞ七草

という歌にして覚えました。といっても、これは現代の植物名になっています。古典では植物の名前がこれと異なっているものもあるので、その点はご注意ください。

幸い「秋の七草」は山上憶良という万葉歌人が和歌に詠んでいるので、まずそれを紹介しましょう。

秋の野に咲きたる花を指折《およ》りかき数ふれば七種《ななくさ》の花（万葉集一五三七番）
萩の花尾花葛花《くずはな》なでしこの花をみなへしまた藤袴《ふぢばかま》朝顔の花（同一五三八番）

前の和歌はちゃんと五七五・七七になっていますが、後の歌は五七七・五七七になっていますね。これは短歌とは違って旋頭歌《せどうか》といわれる形式なので、あまり馴染《なじ》みがないかもしれません。

いずれにしても「秋の七草」は、この歌によって万葉時代に既に一般化していたことがわかります。「春の七草」が鎌倉時代までしか遡《さかのぼ》れないのに較べると、かなり成立が古いことになります。その違いは何かというと、「春の七草」が食用（七草粥《ななくさがゆ》）であったのに対して、「秋の七草」は観賞用の花だということです。では「秋の七草」は食べられないのかというと、おいしいわけではありませんが、食べても毒ではありません。その多くはむしろ薬草でした。

あらためてその名称を検討してみましょう。「萩・葛・撫子《なでしこ》・女郎花《おみなえし》・藤袴」の五つは変わりません。視覚ではなく嗅覚《きゅうかく》からいうと、「藤袴」はいい匂いのする植物として、『源氏物語』宇治十帖《じょう》にも登場しています。それに対して「女郎花」は、むしろ悪臭を放つ花です。ですから近づいて匂いを嗅《か》ぐものではなく、「女」という言葉を持つ花として言語遊戯的に尊ばれたのではないでしょうか。

残った「尾花」はすすきの別称ですが、歌に詠む時は「尾花」として用いられるようです。もともとその姿が動物の尻尾《しっぽ》に似ていることから、「尾花」と命名されました。「幽霊の正体見たり枯れ尾花」ということわざも有名ですね。これは江戸時代の俳人横井也有《よこいやゆう》が

「化物の正体見たり枯れ尾花」(鶉衣《うずらごろも》)と詠んだ句が人口に膾炙されたもののとのことです。すすきにしても「花」を付けて「花薄《はなすすき》」となると、普通に歌に詠まれています。この場合は尻尾というより、人を手招きする姿(所作)としてとらえられているようです。

さて「秋の七草」最大の問題が「朝顔」です。前にも書きましたが、従来はそれに「桔梗」「槿」「牽牛子」などをあててきました。これらの違いは、「桔梗」が在来植物であるのに対して、「槿」と「牽牛子」は外来植物であること、「桔梗」の花が咲き続けるのに対して、「槿」「牽牛子」は夕方には萎《しぼ》んでしまうことです。

実は『万葉集』にもう一首、

朝顔は朝露負ひて咲くといへど夕影にこそ咲きまさりけれ(二一〇四番)

という「朝顔」の歌があります。この歌からすると、夕方に萎むものは除外されるので、最終的に「桔梗」が残るわけです。

「槿」に関しては、白楽天が漢詩に「槿花《きんか》一日栄《いちじつのえい》」と詠んでいることから、朝顔同様一日で萎むと解されてきました。しかし実際には、夕方に萎んでも次の日にまた開きます。それでも夕方に「咲きまさる」ことはありません。結局、『新撰字鏡《しんせんじきょう》』という平安時代の古辞書に、「桔梗阿佐加保《あさかほ》」とあることを含めて、「桔梗」説(牧野富太郎説)が有力になったというわけです。

普通名詞たる「朝顔」は、いくつかの植物の別称になっており、それを特定するのはなかなか困難でした。「秋の七草」の中に一つくらいそんな謎めいたものがあってもいいですよね。

八月十六日は大文字送り火

京都の「大文字」は特別のようで、観光客が「大文字焼き」と口にしようものなら、即座に「「大文字焼き」ちゃいます「大文字」です」と駄目出しが入ります。地方の方はくれぐれもご注意ください。

せっかくですから、もう少し「大文字」のことを勉強してみましょう。まずは「大文字」を含む五山の送り火から。ここで質問です。「京都五山」と「五山の送り火」の「五山」について、その違いを理解していますか。もし同じだと思っていたら、今すぐ覚え直してください。

京都五山というのは、臨済宗の格の高いお寺のことです。南禅寺を別格として、天龍寺・相国寺《しょうこくじ》・建仁寺《けんにんじ》・東福寺・万寿寺の五つ（計六つですが）を指します。それに対して五山の送り火は、東山の奥（北）にある大文字山（大文字）・松ヶ崎にある西山と東山（妙法）・西賀茂にある船山（舟形）・金閣寺の裏にある左大文字山（左大文字）・嵯峨野にある曼荼羅山《まんだらやま》（鳥居形）の五つの山で行われる送り火の総称です。全然違いますね。

二番目の妙法は、西山と東山の二つの山にそれぞれ「妙」と「法」が焚《た》かれますが、合わせて妙法とされています。これは日蓮宗《にちれんしゅう》のお題目の一部です。三番目の舟形は、舳先《へさき》が西を向いていますから、先祖の魂を西方浄土に送り届ける船でしょう。四番目の左大文字は、後からできたもののようで、大文字と区別するために「左」が冠されています。五番目の鳥居形など、仏教ではなく神道用語ですよね。これは愛宕《あたご》神社の一の鳥居を象徴していますから、昔の神仏習合が残っていることになります。五山といっても必ずしも仏教にも宗派にもこだわっていないのです。昔は他に「い」「一」「長刀《なぎなた》」「蛇」「竹の先に鈴」などの送り火もあったそうですが、いつの間にか途絶えてしまったようです。

この中でリーダー格の送り火が大文字ということで、午後八時に最初に点火されます。「大」の字の一画目の「一」の長さが八十メートルですから、それで全体の大きさが察せられます。なおこの大文字はかなり北向きになっています。そのため南側から見ると左側の火床が見えず、アルファベットの「K」の字に見えてしまうことから、場所によっては「K文字」とも称されているそうです。

次に送り火ですが、これがお盆（盂蘭盆会《うらぼんえ》）の行事であることはおわかりですよね。旧暦では七月に行っていたものを、新暦換算して一ヶ月遅れで行っていることになります。

全国的に有名なのが、長崎の精霊流《しょうろうなが》しと京都の大文字というわけです。もちろん京都でも小さな精霊流しは行われています。

お盆には地獄の釜《かま》の蓋《ふた》が開くというか、冥界《めいかい》との出入り口が開くとされており、その時期だけご先祖様の霊が戻ってくると信じられています。そこでまず十三日に「迎え火」を焚き、お供え物をします。胡瓜《きゅうり》で作る馬は早く戻って来てほしいため、茄子《なす》で作る牛は遅く帰ってほしいためといわれています。

京都で冥界と通じる道があるとされているのは、建仁寺の東南にある六道珍皇寺《ろくどうちんのうじ》です。鳥辺野《とりべの》（火葬場）の手前に位置していたことから、そこで野辺の送りが行われていたのでしょう。それに加えて小野《おのの》篁《たかむら》が井戸から夜な夜な冥界へ通っていたという説話が合わさって、いつしか冥界への出入り口とされたようです。珍皇寺では八月七日から十日まで六道まいりと称して、先祖の霊を招く「迎え鐘」を撞《つ》きに来る人の列が絶えません。

お盆は十三日から十五日までの三日間ですから、最終日の夜に送り火を焚くところも少なくありません（奈良の大文字は十五日）。もちろん大文字は個人的な送り火ではないので、盆明けの十六日に盛大に行われているのです（やや観光化している？）。

では大文字はいつ頃から始まったのでしょうか。残念ながら古い資料は残っていません。残っているのはほとんど江戸時代以降のものです。それはこの行事が貴族や寺院主導で行われたのではなく、庶民主導で行われたからです。遡っても室町時代あたりからと考えられます。

後に起源神話が要請され、弘法《こうぼう》大師空海が始めたとか、足利義政《あしかがよしまさ》が急死した息子義尚《よしひさ》の冥福を祈るために始めたという説もあります。それに連動して、大の字は空海の書いたものだとか、義政が横川景三《おうせんけいさん》に書かせたとか、近衛信尹《このえのぶただ》の筆跡だとかいわれていますが、その中では、大文字山の麓《ふもと》に銀閣寺があること、相国寺から見て大文字が正面にあることを含めて、義政との関わりが一番深いことだけは確かなようです。

次の質問ですが、なぜ「大」の字なのでしょうか。これも諸説あって正解はわかりません。有力なのは、先端が五つに分かれているのは五芒星《ごぼうせい》であり、魔除《まよ》けの役割を果たしているという説です。それもあってか翌十七日の早朝、大文字山に登る人が少なくありません。大文字の燃えかす（消し炭）は、無病息災・厄祓《やくばら》いのご利益があるらしく、それをもらってお守りに入れている人もいます。

九月二十三日は「秋分の日」

かつて大ヒットしたご当地ソングの一つに、さとう宗幸《むねゆき》が歌った「青葉城恋唄」があります。その歌詞の中に「ときはめぐり」とあったのを覚えていますか。当初これについて、作詞家の阿久悠《あくゆう》から「時は過ぎるものでめぐるものではないから、「季節」という漢字にして「とき」と読ませたらどうですか」という助言があったそうです。なるほど時は過ぎ去るものですから、これは適切なアドバイスといえます（ただし訂正はされていません）。

こんな問題が生じるのは、日本が四季の変化に富んだ国だからです。暦の上での四季は「立春・立夏・立秋・立冬」で始まります。終わりの日は決められていませんが、次の季節の始まりの前日がそれに当たります。各季節の真ん中は、「春分の日・夏至・秋分の日・冬至」とされています。

天文学的には、黄道と天の赤道が交わる二つの点が分点で、それが春分点と秋分点つまり春分の日と秋分の日になります。その間を二分した点が夏至と冬至というわけです。ちょうど三百六十度を四等分したことになるので、春分の日を太陽黄経〇度とすると、夏至が九十度、秋分の日が百八十度、冬至が二百七十度になります。

また春分の日と秋分の日は、昼と夜の時間が等しいとされています。それは太陽が真東から出て真東に沈むからです。ただしややこしいことに、日の出は地平線から太陽が姿を見せた瞬間であり、日の入りは太陽が姿を隠した瞬間とされているので、どうしても太陽一個分だけ昼が長くなってしまうので均等にはなりません。

一方、夏至は昼が最も長く、冬至は昼が最も短くなります。夏が暑く冬が寒いのは、太陽の南中高度が夏は高く冬は低くなるからです。それが「暑さ寒さも彼岸まで」という慣用表現を生み出しました。その影響は、夏に短く冬に長くなる影法師にも認められます。

もちろんこれは北半球だけにいえることで、南半球ではその正反対になります。丸い地球って面白いですね。

ところで春分の日と秋分の日を暦《こよみ》で見ると、春分の日は毎年ほぼ三月二十一日、秋分の日はほぼ九月二十三日になっています。ほぼというのは微妙に動いているからです。その日、暦には彼岸の中日と書かれています。春分の日・秋分の日を中日として、その前後の三日間（計七日間）がお彼岸です。彼岸の初日を彼岸の入り、彼岸の終日を彼岸の明けといいます。

春分の日と秋分の日は祝日法で定められており、春分の日は「自然をたたえ、生物をいつくしむ」、秋分の日は「祖先をうやまい、なくなった人々をしのぶ」となっています。古く宮中では、彼岸の中日に「春季皇霊祭」「秋季皇霊祭」が行われていました。本来、春の彼岸にもお墓参りをするものだったのです。その折に食べたのが「ぼたもち・おはぎ」でした。ただし最近は秋の墓参りが主流で、春の墓参りはマイナーになっているようです。

彼岸に真っ赤な花を咲かせる彼岸花にしても、春と秋と一年に二度花を付けると思っている人がいるようですが、原則秋にしか咲きません。この花には仏教色のある曼珠沙華《まんじゆしやげ》という名称も付けられています。秋に「ま（ん）ず咲く」花だからという語呂《ごろ》合せは信用できそうもありませんね。

この彼岸花にはアルカロイド系の毒があり、食べるとあの世へ行ってしまうことから、彼岸花と名付けられたともいわれています。ただしそれほど強い毒ではないようで、昔はうまく毒抜きして食べていたそうです。

ここでみなさんに質問です。毒のある彼岸花をなぜ墓場や田んぼに植えたのでしょうか。不思議に思ったことはありませんか。実はその毒こそがヒントになります。かつては土葬が一般的でした。埋めた遺体を動物に荒らされないようにと、毒のある彼岸花を墓場に植えたそうです。同様に田んぼの稲を害獣から守るため、畦道《あぜみち》に彼岸花を植えたとのことです。その効果があったのかどうかは聞いていませんが。

「ぼたもち」と「おはぎ」

突然ですが、「児《ちご》のそら寝」という話をご存じですか。中世の『宇治拾遺物語』に出ている有名な説話ですから、高校一年生の古文の授業で習った人も少なくないはずです。ではそこに出ていた「かいもち」という食べ物は、何のことだったか覚えていますか。

かつては当たり前のように「ぼたもちやおはぎのこと」と説明されていました。ところが調理時間の短さや、他の「かいもち」の例が保存食を意味していることなどから、最近は「そばがき」のことではないかという説が有力になっています。ですから何のことだかはっきりしていない、というのが正解ということになります。

それを踏まえた上で質問です。「ぼたもち」と「おはぎ」はどう違うか説明できますか。これも昔からよく話題にされてきたことですが、今回は少し違った視点から考えてみましょう。そもそも「ぼたもち」や「おはぎ」は、いつ頃から日本にあったのでしょうか。原料である米や小豆《あずき》は太古の昔からありました。でも砂糖は輸入品でかなり貴重かつ高価だったので、一般庶民の手の届くものではありませんでした。すると昔の「ぼたもち」や「おはぎ」は、今のような甘いものではなく、塩餡《しおあん》だったかもしれません。

ついでながら、「萩」は『万葉集』から和歌にたくさん詠まれています。それに対して「牡丹《ぼたん》」は、中国の植物ということで漢詩には詠まれていますが、古い和歌には認められません（和名は「深見草《ふかみぐさ》」で『千載集』初出）。そうなると「ぼたもち」と「おはぎ」は同時成立ではなさそうに思えます。もちろんそんなに古いものでもありませんでした。そこで古語辞典などを調べてみると、「おはぎ」は『四河入海《しがじつかい》』という蘇東坡《そとうば》の漢詩集の注釈書（室町時代）に、「萩の花といふ餅《もち》類を喫する」と出ていました。「おはぎ」は「萩の花」あるいは「萩が花」「萩の餅」と称されていたことがわかります。

それに対して「ぼたもち」の古い例が見つかりません。用例的には「おはぎ」が早くて、「ぼたもち」が遅いことになります。おそらく両者が揃《そろ》って出てくるのは、江戸時代になってからでしょう。その他、餅のようには搗《つ》かないことから「夜船（着き知らず）」・「北窓（月知らず）」・「半殺し」あるいは静かに搗くので「隣知らず」とも称されています（金沢では今も「かいもち」で通用するとのことです）。

こうして二つの名が出揃《でそろ》ったことで、両者の使い分けが行われることになりました。幸い牡丹は春に咲く花で、萩は秋の花（草冠に秋）だったので、春の彼岸用が「ぼたもち」で、秋の彼岸用が「おはぎ」ときれいに使い分けることができました。もちろん季節だけではありません。『和漢三才図会《わかんさんさいずえ》』に「牡丹餅および萩の花は形、色をもってこれを名づく」と説明されているように、「ぼたもち」は牡丹の花に似せ、「おはぎ」は萩の花に似せているともいわれています。

それ以外にもこしあんと粒あんの違いだとか、餡ときな粉の違いだとか、もち米とうるち米の違いだとか、米の搗き方の違い（皆殺しか半殺しか）だとか、はたまた「ぼたもち」は大きくて「おはぎ」は小さいだとか、様々に後付けられていますが、どうも当初はそんな違いは意識されていなかったようです。

実のところ「ぼたもち」は決して美しい言葉ではなく、疱瘡《ほうそう》にかかった人の醜い顔のことも意味していました。俳句の「萩の花ぼたもちの名ぞ見苦し野」は、それを踏まえて詠まれたものです。また「ぼた」（ぼた山）のぼた）には粗悪・二流という意味もあって、それを払拭《ふっしょく》するために、「牡丹餅」という当て字が要請されたのかもしれません。

また『町人嚢《ちょうにんぶくろ》』（教訓書）に「今のぼたもちと号するものは禁中がたにては萩の花とい

ひて」とあることから、「萩の花」(「おはぎ」は女房詞《にようぼうことば》)は上流階級の言葉で、「ぼたもち」は庶民の言葉だったことがわかります。だからこそ「棚からぼたもち」という庶民のことわざもできたのでしょう。江戸時代における身分的な使い分け、これも立派な両者の違いではないでしょうか。

「松虫」と「鈴虫」

みなさんは古文の授業で、古典の鈴虫・松虫は今と逆転していたと習いませんでしたか。因みに大修館書店の『古語林』で「松虫」を引くと、「古くは、現在の「まつむし」は「すずむし」、「すずむし」は「まつむし」と、その呼び名が反対であった」と説明してあります。はたして本当にそんなことがありうるのでしょうか。

最近になって、辞書にも少々変化が生じてきたようです。例えば三省堂の『全訳読解古語辞典第五版』で「松虫」を引くと、「まつむしとすずむしの名が、古くはいまと逆であり、松虫は今の鈴虫をいうとする説もある」と書かれていました。これを見ると、まだ確定はしていないものの、今と昔で反対だったという説は、もはや正解から一説に後退していることがわかります。

そこであらためて用例を調べてみました。まず鈴虫・松虫は、『万葉集』(上代)には一例も見えないことを確認しておきましょう。『万葉集』で鳴く虫は、全て「こおろぎ（きりぎりす）」と称されています。その中に鈴虫・松虫が含まれているのかどうかもわかりません。

それが平安時代になると、『古今集』では松虫が四首（仮名序にも一例）読まれているのに対して、鈴虫は全く用例が見当たりません。それは続く『後撰集』『拾遺集』も同様で、松虫が『後撰集』に八首、『拾遺集』に三首（計十一首）詠まれているのに対して、鈴虫はわずかに『後撰集』一首、『拾遺集』一首（計二首）でした。

もともと松虫は「待つ」という掛詞《かけことば》が可能なので、恋歌への活用が容易でした。それに対して鈴虫は、鈴を振るの縁で「降る」「経《ふ》る」の掛詞になっていますが、歌語としては劣勢でした。『万葉集』にないというのは、ひょっとして外来種の可能性もありますが、それより掛詞が可能となったことで歌語として浮上したのではないでしょうか。

ところが『後拾遺集』に至ると、松虫が一首に減少（後退）し、反対に鈴虫が四首（詞書にも一例）に増加・躍進しています。『拾遺集』から『後拾遺集』の間に、何か大きな変化があったのでしょうか。そのことは『枕草子』「虫は」章段を見ると、「虫は、鈴虫。ひぐらし。蝶。松虫。きりぎりす」とあり、鈴虫が真っ先にあげられていることからも察せられます（ただし用例はこの各一例だけです）。『源氏物語』も松虫四例に対して鈴虫は七例用いられており、ここでも優劣が逆転していることがわかります。しかも『源氏物語』

には鈴虫巻という巻名にも用いられていました（松虫巻はありません）。

とはいえここから両者が取り違えられたことまではわかりません。鈴虫・松虫の初出とされている「忠岑《ただみね》新和歌序」（『夫木和歌集』巻十四）には、「あるときには、山のはに月まつむしうかがひて、きむのこゑにあやまたせ、ある時には野べのすずむしをききて谷の水の音にあらがはれ」とあります。ここでは琴の音《ね》を松虫に、水の音を鈴虫に喩《たと》えているので、現在の松虫・鈴虫と同じではないでしょうか。

両者の取り違えに関しては、江戸時代の屋代弘賢《やしろひろかた》が『古今要覧稿《ここんようらんこう》』で主張していることですが、その根拠として『源氏物語』があげられています。例えば鈴虫巻を見ると、松虫の鳴き方は「声惜しまぬ」とあり、鈴虫の方は「ふり出でたる」・「いまめいたる」と書かれています。それは今と逆で、声を惜しまず鳴くのが鈴虫、華やかに振り出すように鳴くのが松虫なので、今と逆転しているというわけです。

その証拠になるかどうか、謡曲を見ると「松虫の音《ね》は、りんりんりんとして」（謡曲「野宮」）とか、「松虫の声、りんりんりん、りんとして」（謡曲「松虫」）とあって、松虫の鳴き声を「りんりん」と表記しており、確かに鈴虫と取り違えられているように思われます。もっともこれはかなり主観的な見方です。というのも桐壺《きりつぼ》巻には「鈴虫の声の限りを尽くしても」とあり、これは今の鈴虫のままでよさそうだからです。こうなると両者の混同が実際にあったというより、後世における『源氏物語』の解釈の中で新たに生じた誤解なのかもしれません。

もともと紫式部が、「虫愛《め》づる姫君」のように虫の実物を詳しく観察していたとも思えないので、当時は明確に鈴虫と松虫を区別していなかったのかもしれません。

「きりぎりす」と「こおろぎ」――「虫の声」

みなさんは「虫のこえ」という唱歌を覚えていますか。ではその二番の歌詞「きりきりきりきりきりぎりす」が途中で「きりきりきりきりきりこおろぎや」に変更されたことはご存じでしょうか。

明治四十三年の『尋常小学読本唱歌』では確かに「きりぎりす」でした。これだと「き」という頭韻を踏んでいることになります。それが昭和十年の『新訂尋常小学唱歌』において「こおろぎや」に改訂されたのです。その理由ははっきりしています。①「きりぎりす」は夏の虫で、秋の虫の中にあるのはおかしいこと。②「きりぎりす」は「きりきり」とは鳴かないこと。③古語の「きりぎりす」は今の「こおろぎ」を意味していたこと。この三つが改訂の決め手だったようです。しかし、それによって韻を踏まなくなりました。また「きりぎりす」という五音が四音の「こおろぎ」になったので、無理に「や」を補って語調を整えています。

そういった改変は、古文の授業で昔の「きりぎりす」は今の「こおろぎ」と教わっていることと無関係ではなさそうです。ついでに今の「きりぎりす」についても、昔は「はたおり」のことと教わったかもしれません。はたして本当にそうでしょうか。

ここで『万葉集』の用例を見てみましょう。ご承知のように『万葉集』は漢字で表記されています。問題は「蟋蟀」（全七例）をどう読むかでした。例えば、

夕月夜心もしのに白露の置くこの庭に蟋蟀鳴くも（一五五二番）

は、もとは「きりぎりす」と読まれていましたが、江戸時代に賀茂真淵《かものまぶち》の説によって「こおろぎ」と読まれるようになりました。その方が字数としては収まりがいいようです。そうなると、「きりぎりす」と「こおろぎ」は確かに入れ替え可能だったことになります。もともと「こおろぎ」も「きりぎりす」も鳴く虫の総称でした。ですから異名同物だったのです。その上で、歌に読む時は「きりぎりす」、俗語としては「こおろぎ」という説明も可能でした。『万葉集』の「蟋蟀」にしても、「きりぎりす」と読む方が都合がいいのです。というのも『古今集』以降、歌では「きりぎりす」と読まれ続けているからです（「こおろぎ」との入れ替えはありません）。よく例にあがるのが、

秋風にほころびぬらし藤袴《ふぢばかま》つづりさせてふきりぎりす鳴く（一〇二〇番）

でしょうか。「袴がほころびているので綴《つづ》って縫え」という意味です。また『平家物語』「福原落《ふくはらおち》」に、「千草にすだく蟋蟀《しつしゆつ》のきりぎりす」とあるのも参考になります。

要するに文学的には歌語のみならず全般的に「きりぎりす」で統一されており、逆に「こおろぎ」は登場すらしていないのです。それが真淵の説によって、『万葉集』の「蟋蟀」が「こおろぎ」と読まれるようになったことで、付随的に『万葉集』と『古今集』の間で「こおろぎ」と「きりぎりす」が入れ替わるという事態が発生したのです。真淵はそこまで考慮していたのでしょうか。

もちろん当時の人が混乱していたわけではありません。混乱は真淵以降に生じたのです。その好例の一つが前述の「虫のこえ」というわけです。その唱歌とほぼ同時代の作品、例えば芥川龍之介の『羅生門』の冒頭にも、「蟋蟀《きりぎりす》が一匹とまっている」とあります。これなどそのまま今の「きりぎりす」でもよさそうです。それとも芥川は、わざと古語を使っているのでしょうか。その他、太宰治も『きりぎりす』を書いているし、室生犀星《むろうさいせい》にも「螽蟖《きりぎりす》の記」があるので、この問題は近代文学とも無縁ではなさそうです。どうやら鳴く虫の総称から単なる虫の名称に移行したことで、こういった混乱が生じたようです。

ところで歌詞の最後に「ああおもしろい虫の声」とありますが、「おもしろい」の意味はわかりますか。間違っても笑うような面白さと思ってはいけません。古語の「おもしろし」は趣がある・風流だということです。

「野分」をめぐって

いきなり質問です。みなさんは「野分《のわき》」という言葉から何を想像しますか。近代文学が好きな人は、夏目漱石の「野分」あるいは「二百十日」という作品が想起されるかと思います。また俳句が好きな人は、芭蕉の「芭蕉野分して盥《たらひ》に雨を聞く夜かな」や、蕪村の「鳥羽《とば》殿へ五六騎急ぐ野分かな」の句が頭に浮かぶのではないでしょうか。もちろん古典に関心のある人は、真っ先に『源氏物語』の野分巻あるいは桐壺巻の野分章段をあげるはずです。その他、『枕草子』の「野分のまたの日こそ」章段や、『徒然草』の「野分の朝《あした》」も有名ですね。

そもそも「野分」とは、野の草を分けて吹く強い風のことです。用例は旧暦八月に偏っていますから、秋に吹く暴風ということで、ほぼ台風のことと考えられています。平安時代の貴族の邸宅である寝殿造りは開放的な構造ですから、強風には弱かったと思います。まして前栽《せんざい》に植えられている草木は、一たまりもなかったことでしょう。

それにもかかわらず清少納言は、暢気《のんき》に「野分のまたの日こそ、いみじうあはれに、をかしけれ」と述べています。大木までもが吹き倒されているのですから、人的被害も大きかったはずですが、そんなことにはおかまいなしに、台風一過の興趣をつづっています（「むべ山風を」歌まで引用しています）。

それは『源氏物語』野分巻も同様です。台風の恐怖どころか六条院の秋の見事さを強調するために、作者はあえて「野分例の年よりもおどろおどろしく、空の色変りて吹き出づ」と、いつもより激しい野分を吹かせ、甚大な被害を受けた六条院の人々の動向を描くという方法を思いついたようです。もちろんそのヒントは『枕草子』でした。加えて野分巻では、お見舞いにやってきた夕霧に六条院の女性たちを垣間見《かいまみ》させています。作者は夕霧の目を通して、光源氏の六条院世界を暴くという斬新な手法を導入しているのです。

そのため紫の上までもが夕霧の視線にさらされてしまいます。夕霧は垣間見た紫の上の美しさを、「春の曙の霞の間より、おもしろき樺《かば》桜の咲き乱れたるを見る心地す」と述べています。「「春はあけぼの」は平安時代の美意識ではなかった」のところで述べたように、ここにも間違いなく『枕草子』が引用されていました。もっとも秋の描写に春の桜で喩《たと》えているのですから、季節外れであることは否めません。それはともかく、その時点で紫の上は、既に春の女性としてのイメージを獲得していることになります。

この野分巻の描写は、『無名草子』でも「野分の朝こそ、さまざま見どころありて、艶《えん》にをかしきこと多かれ」と評価されています。同様に『徒然草』でも、「野分の朝こそをかしけれ。言ひつづくれば、みな源氏物語・枕草子などにことふりにたれど、同じ事、また今さらに言はじとにもあらず」と述べられています。そこで兼好法師は、野分の後の描写は『枕草子』と『源氏物語』で言い尽くされていると述べています。『徒然草』は案外『源氏物語』を意識していることがわかります。

ところで「野分」について調べてみると、古い用例が見当たりません。『万葉集』などの上代文学には一切登場していないのです。ご存じでしたか。平安時代にしても、『大和《やまと》物語《ものがたり》』『うつほ物語』『蜻蛉日記』『和泉式部日記』『枕草子』に一例ずつ出ているくらいで、積極的には用いられていないことがわかりました（『源氏物語』は全七例）。台風のようなものは、貴族の文化には馴染まなかったのでしょう。だからこそ野分そのものの脅威ではなく、野分の後（翌朝）の「をかし」が選ばれているのではないでしょうか。

「名月」と「満月」

旧暦の八月十五夜は、一年中で月が一番美しい日とされており、その日の夜に観月の催しが行われています。二〇一七年の十五夜は新暦では十月四日になっています（二〇一八年は九月二十四日）。普通、月見は新暦九月が多いのですが、二〇一七年は旧暦の五月に閏《うるう》月《づき》が入ったこともあって、十月にずれ込んだのです。もちろんそんなに珍しいことではありません。

　それ以上に不思議なのは、天文学上というか月齢上の満月は十月六日なのに、その二日も前の四日が十五夜になっていることです。どうして二日もずれているのかおわかりですか。

　その前に質問です。みなさんは十五夜のことを「中秋の名月」といっていますか、それとも「仲秋の名月」ですか。「中秋」と「仲秋」、さてどちらが正しいのでしょうか。実はどちらも間違ってはいません。ただ「中秋」というのは秋の真ん中ですから、それだけで八月十五日のことを指します。それに対して「仲秋」は、季節を三分する「孟《もう》・仲・季」の中の秋、つまり八月（一ヶ月間）を意味します。

「中秋」が限定されているのに対して、「仲秋」は八月ならどの日でもいいわけです。それが「名月」とくっつくと、どちらも八月十五夜のことになるので、両方正解ということになります。ただ厳密にいうと、「名月」は十五夜に特定されているわけではなく、「十三夜」にも用いられるので、八月十五夜に限定したいのなら「中秋の名月」の方がふさわしいかもしれません。

　次に満月とのずれですが、それを理解するためには旧暦（太陰太陽暦）の仕組みを知らなければなりません。旧暦では新月を一日とし、それから数えて十五日目を満月と定めています。ところが月は二九・五日周期で回っているので、どうしても満月より前に十五夜がくることが多いのです。むしろ十五夜と満月が一致する方が珍しい、というのが本当のようです。

それだけではありません。天文学的に見ると、月の軌道は複雑な楕円《だえん》になっています。要するに月は地球に近づいたり遠ざかったりして回っているのです。だから最大限地球に近づくと月が大きく見える、いわゆる「スーパームーン」になるわけです。月の大きさは変わりませんが、地球に近づくか遠のくかで大きく見えたり小さく見えたりしているのです。

ついでながら、月が地球に近づいている時は公転速度が速くなり、月が遠ざかっている時は速度が遅くなります。月の前半に地球から遠いと、その分満月が遅れます。そういった条件が組み合わされることで、最大二日の誤差が生じることもあるわけです。こうして二〇一七年は十月に中秋の名月を迎えるだけでなく、満月から二日も早い十五夜になりました（二〇一八年は九月二十四日）。

ところで満月からみなさんは何を思い浮かべますか。外国なら狼男、日本なら『竹取物語』のかぐや姫の昇天場面でしょうか。それともうさぎの餅つきでしょうか。あるいはちょっと斜に構えて、兼好法師の『徒然草』にある「花は盛りに月は隈《くま》なきをのみ見るものかは」（一三七段）もいいですね。

江戸時代の『小窓閑話』には、

月々に月見る月は多けれど月見る月はこの月の月

という言葉遊びの歌が出ています。また「中秋の名月」ではありませんが、藤原道長は旧暦十月の満月を見て、

この世をば我が世とぞ思ふ望月《もちづき》の欠けたることもなしと思へば

と我が身の栄華を詠《うた》っています。

かつて夏目漱石は英語の授業で、学生が「I love you」を「我君を愛す」と直訳したところ、日本人はそんなストレートな物言いはしないので、「月が綺麗《きれい》ですね」とでも訳しておけと教えたそうです。月にまつわる話もいろいろありますね。

「菊」にまつわるお話

今回は「菊」についてのお話です。いきなり質問ですが、「菊」という漢字の読み、「きく」以外にご存じですか。考えても無駄です。「きく」以外の読みはありませんから。で

は次の質問です。「きく」は音読みでしょうか訓読みでしょうか。なんとなく訓読みのような感じがしますが、正解は音読みです。なぜって、菊は中国から伝来した植物だからです。『万葉集』に詠われていませんから、それ以降（平安時代）に伝わったもののようです。

ただし現代の中国語（北京官話）だと、菊は「jú」（チウ）と発音します。ここから「きく」は出てきません。古い時代に遡ると、「kuk」（クク）と発音していたことがわかります。これなら「きく」へ転訛《てんか》できますね。まず知っていただきたいのは、菊が外来種であり、日本にはなかったということです。そのため日本には菊の呼び名が存在せず、中国語からの音読みだけなのです。

では何のためにわざわざ輸入されたのでしょうか。植物の場合、危険を冒してまで観賞用の花が輸入されることはありません。ですから原則は薬用植物、つまり薬の原料として輸入されたと考えられます（梅も朝顔も同様です）。だからこそ貴重であり、人家に植えられて栽培されたのです。

ついでに平安時代の菊の形態はどうだったのでしょうか。これも答えは簡単です。梅も白梅だったように、菊も原則は白菊でした。しかも江戸時代に品種の改良が行われる以前は、大輪の菊など存在しませんでした。ですから白い小菊を思い浮かべてください。貴重な菊は舶来ということで貴ばれ、宮廷では歌合《うたあわせ》（菊合）などが催されました。同時に中国の年中行事も伝わっています。

ここで質問です。みなさんは「重陽の節句」を知っていますか。その前に「陽」とはどんな意味かおわかりですか。「陽」は陰陽の「陽」です。中国では奇数のことを意味します（当然「陰」は偶数）。次に「重陽」というのは、同じ陽の数字が二つ重なるおめでたい日のことです。暦にあてはめると、一月一日、三月三日、五月五日、七月七日、九月九日の五つが該当します。日本でも吉日になっています。ただし一月一日（元日）だけは別格になっており、そのため一月七日にずらされています。

この中で一番大きな数字は九ですね。そのため九月九日がいわゆる「重陽の節句」として尊重されています（「重九」は「長久」にも通じます）。ちょうど菊の開花時期なので、「菊の節句」とも呼ばれています。昔は前日の夜に菊の花に真綿をかぶせておき、当日の朝に菊の香と露で湿った綿で体を拭《ぬぐ》うと、邪気を祓い延寿の効果があると信じられていました（美容効果もあり？）。実際、菊にはテトラクマロイルスペルミンという有効成分が含まれていることがわかっています。

もっと手っ取り早く、盃《さかずき》に菊の花を浮かべた菊酒を飲んで長寿を願うこともあります（菊の宴）。花札の九月の植物は菊ですね。その役札には「寿」と書かれた盃が描かれています。通称「菊に盃」と呼ばれているものですが、これこそ菊酒をモチーフにしたものでした。最近は菊の節句を祝う風習も廃れてしまっているようですが、菊人形展など菊にまつわる催し物は行われていますね。二〇一七年は新暦の十月二十八日が旧暦の九月九日に当たっていました（二〇一八年は十月十七日です）。

最後に質問です。みなさんは日本の国花をご存じですよね。では国花は「桜」でしょうか「菊」でしょうか。その答えは両方です。今のところ法律で制定されてはいません。菊は外来種ですが、平安時代末期の後鳥羽院《ごとばいん》が、自らこしらえた刀に菊花の紋を入れたことから、いつしか皇室の紋章に用いられるようになりました。そのため国花の一つになっているのです。

「柿くへば鐘が鳴るなり法隆寺」（子規）

明治二十八年（一八九五年）十月のこと、正岡子規は松山から東京に戻るついでに、四日間一人で奈良見物をしています。その際、法隆寺にも足を運んだらしく、十一月八日の南海新聞には「茶店に憩ひて」という前書きに続いて、「柿くへば鐘がなるなり法隆寺」という有名な句が出ています。

この句については何の問題もないと思われていました。というより、弟子たちは誰もこの句を高く評価しなかったようです。というのも「柿くへば」と「鐘がなる」に何の因果関係も認められないので、凡作と思われていたのかもしれません。それこそが意表をつく発想という見方もできます。みなさんはどう思いますか。

ひょっとするとこの句は、俳人仲間で称讃《しょうさん》されたのではなく、法隆寺が観光客誘致のキャッチコピーとして宣伝に利用した結果、全国に広まったのかもしれません。併せて奈良県の御所柿の知名度アップにも貢献しているはずです。それもあって二〇〇五年、全国果樹研究連合会は、子規が奈良を訪れた十月二十六日を柿の日に制定しました。

ところでこの句の成立にまつわる資料が三つあります。一つはその二ヶ月前の九月六日の南海新聞です。そこに夏目漱石の詠んだ、「鐘つけば銀杏《いちやう》散るなり建長寺」という句が掲載されているのですが、子規の句と似ていると思いませんか。そのため子規の句は、漱石のこの句を頭の片隅に意識して詠まれたのではないかといわれています。

二つ目の資料は、河東碧梧桐《かわひがしへきごとう》がホトトギス誌上でこの句を評して、「いつもの子規調であれば「柿くふて居れば鐘鳴る法隆寺」とは何故いはれなかったであらう」と述べていることです。それに対して子規は、「これは尤《もつと》もの説である。併《しか》しかうなるとやや句法が弱くなるかと思ふ」（病牀《びょうしょう》六尺）と答えています。

三つ目の資料は子規自身が書き残した「くだもの」（『飯待つ間』所収）の中の一節です。「御所柿を食いし事」という見出しで、

やがて柿はむけた。余はそれを食うているると彼は更に他の柿をむいでいる。柿も旨《うま》い、

場所もいい。余はうっとりとしているとボーンという釣鐘の音が一つ聞えた。彼女は、オヤ初夜が鳴るというてなお柿をむきつづけている。余にはこの初夜というのが非常に珍らしく面白かったのである。あれはどこの鐘かと聞くと、東大寺の大釣鐘が初夜を打つのであるという。東大寺がこの頭の上にあるかと尋ねると、すぐ其処《そこ》ですという。余が不思議そうにしていたので、女は室の外の板間に出て、其処の中障子を明けて見せた。なるほど東大寺は自分の頭の上に当ってある位である。（岩波文庫175頁）

と書かれています。法隆寺で柿を食べたという記録がないこと、また子規が法隆寺を見物した日は雨だったことなどから、旅館で御所柿を食べながら聞いた東大寺の鐘が、法隆寺に移されているのではないかとされているのです。

さらに「御所柿を食いし事」の前半部分に、

柿などというものは従来詩人にも歌よみにも見離されておるもので、殊に奈良に柿を配合するという様な事は思いもよらなかった事である。余はこの新たらしい配合を見つけ出して非常に嬉しかった。（同174頁）

とある文面は、「柿くへば」の句を詠んだことを指しているように思えてなりません。

「鹿鳴」雑話

「鹿鳴館《ろくめいかん》」は明治の文明開化の象徴として記憶されているかと思います。ではなぜダンスを踊る社交場を「鹿鳴館」と名付けたのでしょうか。この名付け親は薩摩《さつま》藩出身の外交官で、京都府知事も務めたことのある中井櫻洲《おうしゅう》でした。

一見、西洋かぶれのようでありながら、「鹿鳴」はなんと中国の『詩経』小雅にある「鹿鳴」の詩を出典としています。これは君臣和楽あるいは外交使臣の労を労《ねぎら》う宴会を意味しており、国賓の接待にはぴったりの命名でした。

ついでですが、みなさんは「鹿苑寺金閣《ろくおんじ》」をご存じですよね。これは室町幕府三代将軍足利義満《よしみつ》の院号で、その死後義満の山荘北山殿を相国寺の寺（舎利殿）にしたことで、鹿苑寺と呼ばれるようになりました。

鹿にまつわるのは建物ばかりではありません。例えば「鹿鳴草《しかなぐさ》」はどんな植物だと思いますか。これは鹿の季節を考えれば予想できると思います。鹿に縁のある秋の植物といえば、紅葉か萩ですね。はい鹿鳴草は萩の異名です。牡鹿《おじか》が牝鹿《めじか》を求めて鳴き出す頃に咲いている花ということで、そう名付けられたとされています。そのことは『古今集』に、

秋萩の花咲きにけり高砂《たかさご》の尾上《をのへ》の鹿は今や鳴くらむ（秋上二一八番）

と詠まれていることからも察せられます。

『和名類聚抄』という古辞書には、「鹿鳴草」のことを「萩一名」と説明しています。『万葉集』において、萩は植物の中で一番多く百四十二首も詠われていますが、歌の中に「鹿鳴草」は用いられていません。その代わり歌の題詞に三例用いられているので（一六〇二、一七六一、二二四一番）、歌語ではなく漢文的表現として認識されていたことが察せられます。その証拠に菅原道真撰『新撰万葉集《しんせんまんようしゅう》』八六番に、

暁露鹿鳴花始発（暁の露に鹿鳴の花始めてひらく）

と漢詩に詠まれていることがあげられます。

同じく『新撰万葉集』には猿丸大夫の、

奥山にもみぢ踏み分け鳴く鹿の声聞く時ぞ秋は悲しき（古今集秋上二一五番）

歌が、

奥山丹黄葉踏別鳴麋之音聴時曾秋者金敷

と漢文で表記されています。これによれば道真は、「もみぢ」を楓《かえで》ではなく萩の黄葉と見ていたことがわかります。それは『古今集』の撰者も同様で、だからこそ「奥山に」歌を秋下ではなく秋上部に配列しているのでしょう。

ただし現在では楓の紅葉と解釈されています。本来は萩の黄葉と見なければならなかったのですが、藤原定家が伊達本『古今集』で「黄葉」を「紅葉」と書き換えたことで、いつしか晩秋の楓の紅葉に誤読されてしまいました。その影響で、例えば花札の十月札を見ると、楓の紅葉の下に鹿が描かれています。これなど「奥山に」歌の歌意図と考えられますから、江戸時代後期には既に楓とする方が一般的だったことがわかります。

そのためでしょうか、花札の九月札では萩に猪が描かれています。要するに鹿と植物の組み合わせが萩から楓に変わったわけです。さて、鹿の鳴き声はどちらがふさわしいのでしょうか。

第五部　冬

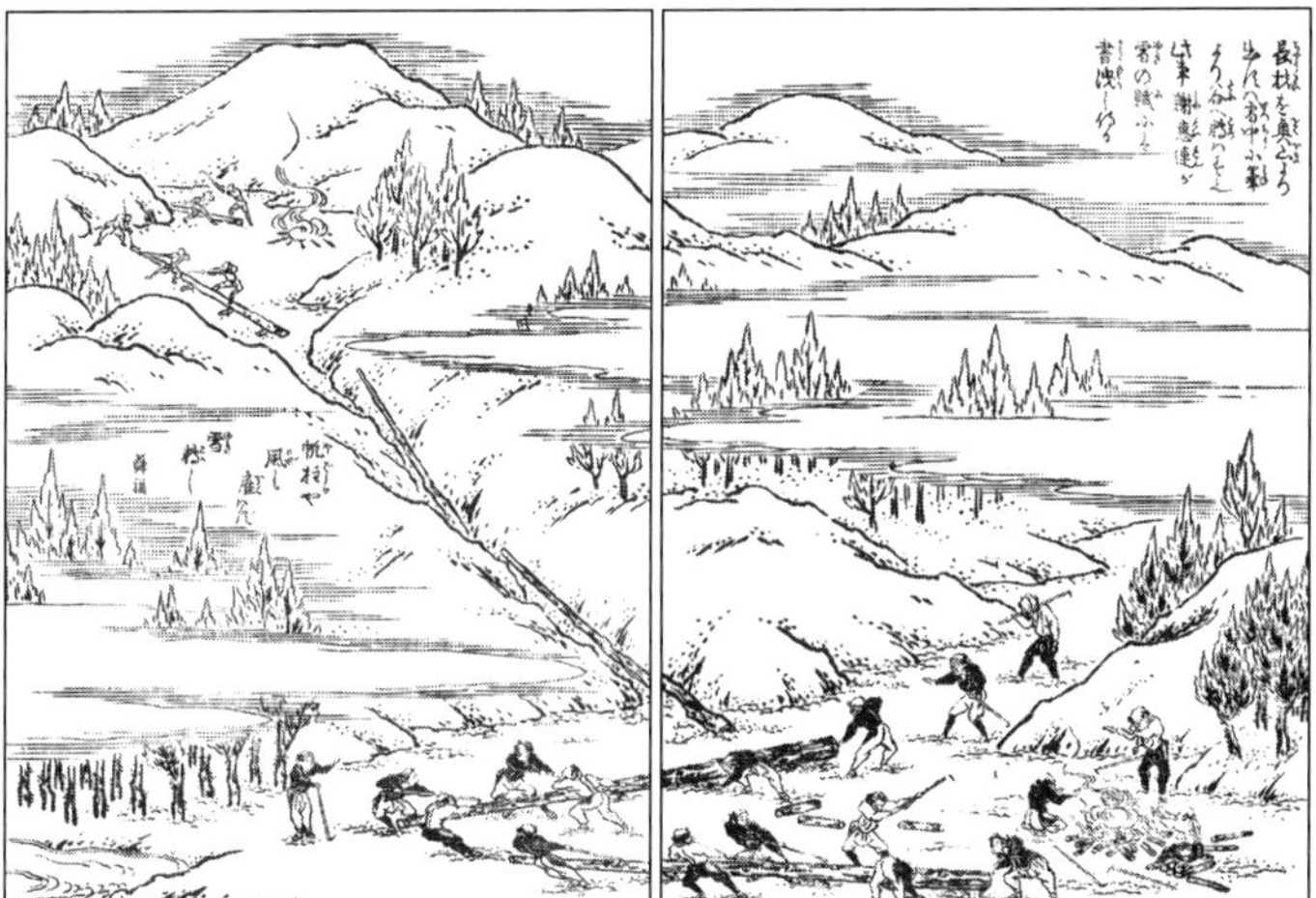

『都名所図会』（国立国会図書館蔵）

冬の「千鳥」

日本の四季を鳥で表すとすれば、春は鶯《うぐいす》・夏はほととぎす・秋は雁《かり》・冬は千鳥でしょうか。ただし『万葉集』の千鳥は必ずしも冬に限定されてはいませんでした。むしろ千鳥の由来に因《ちな》んで、家持が「朝猟《かり》に五百《いほ》つ鳥立て夕猟に千鳥踏み立て」（四〇一一番）と詠じているように、多くの鳥という意味も担っていました。ですから千鳥は単独ではなく、群れをなして鳴く鳥としてとらえられていたようです。当然聴覚重視なので、昼間より夜の千鳥がたくさん詠まれています。

それは『古今集』でも同様でした。『拾遺集』になって紀貫之の、

思ひかね妹がり行けば冬の夜の河風寒み千鳥鳴くなり（二二四番）

が採られたのが勅撰集《ちよくせん》における「冬の千鳥」の早い例です。千鳥が冬の景物と認定されたのは下って『堀河百首』で、冬部に「千鳥」題が設けられた時でしょう。その後『千載集』冬部に千鳥詠が五首撰入され、さらに『新古今集』ではそれが十一首に増加したことで、ようやく冬の千鳥が定着したことがわかります（『玉葉集』では十八首も入集）。

なお『万葉集』でも有名な人麻呂の、

近江の海夕波千鳥汝が鳴けば心もしのにいにしへ思ほゆ（二六六番）

歌以来、千鳥はずっと川辺（吉野川・佐保川）の鳥として歌に詠まれてきました。「近江の海」も琵琶湖のことです。それがやはり『拾遺集』で、

かくてのみありその浦の浜千鳥よそに鳴きつつ恋ひやわたらん（六三一番）

と詠まれて以来、海辺の「浜千鳥」としても詠まれるようになりました。もちろん平安京は海に面していないので、多くは心象風景ということになります。

そう考えると百人一首に採られている源兼昌《かねまさ》の、

淡路島通ふ千鳥の鳴く声にいく夜寝ざめぬ須磨《すま》の関守（金葉集二七〇番）

は、冬の夜の海辺の千鳥を聴覚的に詠じた比較的早い例だったことがわかります。また千鳥と淡路島を組み合わせた最初の歌でもありました。しかもこの歌の背景には、須磨へ流

摘した光源氏が詠じた、

友千鳥もろ声に鳴く暁は一人寝覚めの床も頼もし（須磨巻）

が踏まえられているとされ、『源氏物語』世界まで投影していることが評価されています。千鳥と『源氏物語』には接点があったのです。

ところでみなさんは「千鳥」から「浜千鳥」という唱歌を想起しませんか。これは鹿島鳴秋作詞・弘田龍太郎作曲の名曲（大正八年発表）です。その一番の歌詞は、

青い月夜の浜辺には親をさがして鳴く鳥が　波の国から生れ出る濡《ぬ》れた翼の銀のいろ

です。この歌では、浜千鳥の子が親を求めて月夜の浜辺で鳴いているという展開になっています。しかしながら古典和歌の中に、『源氏物語』のように友を求めたり恋人を求めたりしたものはありますが、親を尋ねて鳴くという発想の歌は認められません。どうやらここには、両親が離縁して祖父母に育てられたという作詞家・鳴秋の幼児体験が投影されているのではないでしょうか。

この歌が発表された二年後（大正十年）に、北原白秋が「ちんちん千鳥」という童謡を

作っていますが、その三番に、

ちんちん千鳥は親ないか親ないか夜風に吹かれて川の上川の上

とあって、やはり親のいない千鳥が詠《うた》われています。「ちんちん」は千鳥の鳴き声で、「ちいちい」とか「ちち」とか鳴くとされています。あるいはその鳴き声（掛詞《かけことば》）から、親を尋ねて「ちち（父）」と鳴くと考えられたのかもしれませんね。

藤原道長の望月の歌（千年紀）

この世をば我が世とぞ思ふ望月の欠けたることもなしと思へば

は、藤原道長の栄華を象徴する歌として有名ですね。永井路子さんも小説のタイトルを『この世をば』（新潮社、一九八六年）としています。ただしその出典に関しては、いささか奇妙な点があります。というのも、道長はこの歌を自らの日記『御堂関白記《みどうかんぱくき》』にも家集『御堂関白集』にも掲載していないからです。

それは藤原行成の日記『権記《ごんき》』も、歴史物語『大鏡』・『栄花物語』も同様であり、道長近辺の資料にはこの歌が一切出ていません。ですからこの歌が千年後の今日まで伝えられることはなかったかもしれないのです。

ではどうして今日まで伝えられたかというと、現場に居合わせていた右大臣藤原実資《さねすけ》が自ら日記『小右記』に書き留めていたからです。もう少し詳しくいうと、道長は当日のことを『御堂関白記』寛仁《かんにん》二年（一〇一八年）十月十六日条に、「於此、余読和歌、人々詠之」とだけ記しています。この月は中秋の名月ではなく陰暦十月（冬）の満月だったのです。「余和歌を読む」とあるので、道長が和歌を詠んだこと、さらに居合わせた人々がその歌をみんなで唱和したことまではわかりますが、どんな歌を詠んだかまではわかりません。

道長がこの歌を日記に書き留めなかった理由について、歴史家の竹内理三氏は単純に道長の照れと見ておられます。しかしながら「この世をば」歌に関しては、道長の照れ云々《うんぬん》で解消すべき問題ではありません。たとえその日、道長の娘威子が立后したことで、娘三人が三后を独占することになったとしても、そして道長が天皇の外戚《がいせき》として君臨していたとしても、この歌の内容は明らかに天皇制に対する不遜《ふそん》な表現（不敬）になっているからです。道長自身そのことに気づいていたからこそ、自身の日記にあえて書き留めなかったのではないでしょうか。

ここであらためて『小右記』同日条を検討してみましょう。

太閤招呼下官云、欲読和歌、必可和者、答云、何不奉和乎、又云、誇《ほこり》たる歌になむ有る、但非宿構者、此世乎ば我世とぞ思望月の虧《かけ》たる事も無と思へば、余申云、御歌優美也。無方酬答、満座只可誦此御歌、元稹《げんしん》菊詩、居易《きょい》不和、深賞歎、終日吟詠、諸卿饗応余言数度吟詠、太閤和解、殊不責和、

太閤（道長）は下官（実資）に自分が歌を詠むから、必ずそれに和して歌を詠むようにと念を押しています。「宿構に非《あら》ず」とは、前もって作っておいたのではなく即興で詠んだということです。実資が唱和することを承諾すると、「誇たる歌」と自嘲《じちょう》しながらも「この世をば」の歌を詠みあげました。

しかし歌を聞いた実資は約束を違《たが》えて歌を詠まず、道長の機嫌を損ねないように、元稹と白居易の菊詩の故事を出し、みんなで唱和してその場を取り繕いました。こうして望月の歌が『小右記』に書き留められたことで、今日まで伝えられたのです。というより実資は、意図的に道長の歌を書き留めているのではないでしょうか。というのも、これは下手をすると道長不敬の動かぬ証拠になりかねないからです。だからこそ自ら同調する歌を詠みたくなかったのでしょう（吉海「藤原道長五十賀歌小考」同志社女子大学日本語日本文学会会報21・平成九年七月）。

その後、どういうルートを辿《たど》ったのか『袋草紙』一四に「小野宮右府記云」として、

大閤招呼下官云、欲読和歌、必可和者、答何不奉和歌。又云、誇たる歌になんある。
　此世をば我よとぞおもふ望月のかけたることもなしとをもへば
余申云、御歌優美也。無方、満座只誦此御歌、元稹菊詩、居易不和、深賞歎、終日吟詠、諸卿饗応、余言、数度吟詠、大閤和解殊不責和。（『袋草紙注釈』上62頁）

と『小右記』が引用されていますが、ここでは秀歌には返歌をしない例とされており、政治的な配慮には一切言及していません（道長の歌は秀歌とは思えませんが）。

　さらに『続古事談』にも引かれていますが、

又右大将にの給、歌をよまむとおもふに、かならず返し給べし。大将、などかつかまつらざらんと申さる。大殿仰らるるやう、ほこりたるうたにてなんある。ただしかねてのかまへにはあらずとて、
　此《この》世をば我世とぞ思ふもち月のかけたる事もなしと思へば
大将申さる、この御歌めでたくて返歌にあたはず。ただこの御歌を満座詠ずべき也。元稹が菊詩、居易和せず、ふかく感じてひねもすに詠吟しけり。かの事をおもふべし

と申さるれば、人々饗応《きやうおう》してたびたび詠ぜらるれば、大殿うちとけて、返歌のせめなかりけり。

と、漢文からわかりやすく和文に書き直されています。

こうして古記録から歌論集・説話集へと「この世をば」歌が複数回引用されたことで、後世に伝わる土壌が形成されていきました。ここまで来ると、もはや不敬云々からは遠ざかっています。その代わり臨場感や緊張感も薄れてしまっているようです。

十月二十二日は「時代祭」

京都三大祭の締めくくりは、毎年十月二十二日に行われている時代祭（時代風俗行列）です。ただしこれは決して古くから行われていた行事ではありません。明治中期になって創始された比較的新しい祭りです。

長く日本の都として栄えた京都ですが、明治二年に明治天皇が東京に行幸されたことで、首都の座を東京に譲ってしまいました。もっとも江戸末期の京都は、天明の大火や元治元年（一八六四年）の禁門の変（蛤御門《はまぐりごもん》の変）、慶応四年（一八六八年）の戊辰《ぼしん》戦争などにより、市中の至る所が焼け野原でした。そこで古都京都は、日本中でどこよりも先に近代都市化をめざして復興事業が急ピッチで行われました。

そういった中で、かつて都であったこと、桓武《かんむ》天皇の偉業を讃《たた》えることを目的に、桓武天皇を祭神とする平安神宮が造営されることになったのです。ちょうど第四回内国勧業博覧会の開催に合わせて、岡崎に大極殿《だいごくでん》を復元することになりました。それが明治二十八年（一八九五年）のことです。桓武天皇が長岡京から平安京に遷都したのは延暦《えんりやく》十三年（七九四年）十月二十二日ですが、翌年の正月の参賀で平安京と命名されてからちょうど千百年後のことでした。

桓武天皇が入京したのが旧暦十月二十二日だったことで、その日を「平安遷都の日」に制定し、新暦十月二十二日に開催されました。行列は御所の建礼門前から平安神宮前までを行進します。御輿《みこし》を先頭に、維新勤王隊列からスタートして、江戸時代・室町時代・鎌倉時代・平安時代と時代を遡《さかのぼ》り、最後の延暦時代までに分けられた二十列総勢二千人超の人々が、各時代の装束をまとって進むのですから、それはそれは壮大な動く歴史絵巻です。

風俗博物館（井筒装束店）によって時代考証された衣装は、風俗資料としても貴重なものです。二番目の維新志士列には坂本龍馬がおり、その軽妙な演技は毎年人気があります。

特に注目すべきは京都の五つの花街が輪番で務める華やかな婦人列です。NHKの大河ドラマでお馴染《なじ》みの女性たち、皇女和宮《かずのみや》・吉野太夫《たゆう》・出雲阿国《いずものおくに》・静《しずか》御前・巴《ともえ》御前・小野小町・百済王明信《くだらのこにきしみようしん》などによって、歴史の勉強だけでなく時代による女性の衣装の変遷も学ぶことができます。

中でも清少納言と紫式部が十二単《じゅうにひとえ》で同車している姿は圧巻です。たいていの女性たちは徒歩ですが、さすがに十二単では歩きにくいので、二人だけ特別に車に乗っています。歴史的に二人が対面したことはないようですが、時代祭では一緒に乗車しています。もちろん二人は一条朝の女房ですから、時代も身分も同じということで、区別の仕様がありません。やむなく裳唐衣《もからぎぬ》の女房装束を清少納言とし、小袿《こうちき》姿を紫式部にして区別しています（顔の美醜はないようです）。これだと紫式部はお姫様になります。小袿は公家の娘の装束だからです。

現在は盛大な行列ですが、最初は桓武天皇の御輿と行列六列という小規模なものでした。その後徐々に市民参加型として拡大されていきました。一九四〇年（昭和十五年）には孝明天皇も合祀《ごうし》されたことで、御輿も二基になっています。途中、第二次世界大戦によって昭和十九年から二十四年まで中断していますが、翌二十五年には復活して一層賑《にぎ》やかに行われています。なお時代祭の運営は、平安講社という組織（市民グループ）によって行われています。京都は市民の力が強いところなのです。

十一月一日は古典の日（源氏物語千年紀）

事の始まりは角田文衛《つのだぶんえい》先生のご発案でした。それは平成十八年、角田先生九十三歳の年のことです。もともと『源氏物語』の成立に関しては諸説あり、しかも決定的な証拠がないことから、曖昧《あいまい》なままで放置されてきました。千年紀のことも話題にはなりましたが、決め手を欠くまま無為に時間だけが過ぎていったのです。

このままでは千年紀という大きなイベントの機会を逸してしまう。そう危惧《きぐ》されたのでしょうか、遂に角田先生が動かれました。『紫式部日記』の寛弘五年（一〇〇八年）十一月一日の記事で、藤原公任《きんとう》が「あなかしこ、このわたりに若紫やさぶらふ」と語っているところに絞り込まれ、その日を源氏物語千年紀にしようと提案されたのです。

その日は、道長の娘彰子が産んだ一条天皇の皇子敦成《あつひら》親王の五十日《いか》の祝いということで、土御門第《つちみかどてい》では盛大に祝宴が催されました。招待されていた公任は、酒に酔った勢いで紫式部に声をかけたのでしょう。「若紫」というのは、若紫巻に登場している紫の上のことです（「我が紫」という掛詞にもなっています）。これが『源氏物語』に触れた唯一の記録ということから、『源氏物語』の作者が紫式部であることが明らかになりました。またそれまで「藤式部」と称されていた彼女が、これによって「紫式部」という女房名に改められたともいわれています。

従来は作者を決定する資料に留《とど》まっていたのですが、角田先生はもう一歩踏み込まれて、この日付をもとに源氏物語千年紀を二〇〇八年十一月一日に決められたのです。もちろん『紫式部日記』には、それに先立って一条天皇に献上すべく『源氏物語』の豪華な清書本作成の様子が描かれています。ここで『源氏物語』が造本されていたのです。ただし問題がないわけではありません。ここで作られた献上本は、第一部藤裏葉《ふじのうらば》巻あたりまでであり、決して物語が完結していたわけではないからです。第三部（続編）の宇治十帖《じょう》など、まだ影も形もなかったはずです。

それを承知の上で、角田先生はこの日付しかないと思われたのでしょう。早速、千年紀委員会の呼びかけ人が選出されました。そこには千玄室・秋山虔《けん》・瀬戸内寂聴・ドナルド・キーンなど錚々《そうそう》たる方々が名を連ねていますが、肝心の角田先生の名前は見られません。当時かなりご高齢であったこと、また健康がすぐれなかったことによるのでしょうか。

こうして二〇〇八年十一月一日には、京都国際会議場に天皇皇后両陛下のご来臨を賜り、盛大に記念式典が挙行され、「古典の日」宣言が行われました。私も参加しましたが、仕掛け人である角田先生は、その年の五月十四日に亡くなられたので（享年九十五）、この会に出席することは叶《かな》いませんでした。

その翌年、千年紀委員会は古典の日推進委員会に改組され、引き続き十一月一日を「古典の日」に制定する運動を行っています。この提案は超党派の議員連盟により、法案として国会に提出・審議されました。そして二〇一二年八月二十九日の参議院本会議で可決され、「古典の日」として正式に制定されたのです（ただし祝日ではありません）。

『源氏物語』の千年紀が古典全般に拡大解釈されたのは、運動としては適切だったのでしょう。ただ『源氏物語』に先鋭化されていたものが、焦点がぼやけて曖昧になった感は否めません。という以上に、その後の事業展開を見ると、むしろ『源氏物語』からどんどん離れているように思えてなりません。

それどころか「古典の日」を制定した国会は、その直後に理系重視を打ち出し、実用に適さない文系縮小・廃止が声高に叫ばれたことで、古典文化は急速に衰退の一途を辿《たど》っています。日本の古典文学のすばらしさをアピールするための「古典の日」ですから、もう一度古典を大切にする運動を行っていただけないでしょうか。十一月一日の記念日を祝うだけでは、『源氏物語』の読者は増えそうもありません。

十一月十五日は「七五三」

「七五三」というと、十一月十五日の年中行事のことを思い浮かべる人が多いようですが、同志社に関わりのある人は、それよりもまず校祖・新島七五三太（襄《じょう》）のことが想起されるはずです。この場合の「七五三」は「しめ」と読みます。女の子ばかりの新島家にようやく男の子が生まれたので、祖父が思わず「しめた！」と叫んだのが名前の由来とされています。また襄の誕生日が一月十四日だったことから、まだ正月のしめの内（注連縄《しめなわ》をはずす前）ということで、七五三太と命名されたともいわれています。

さて本来の「七五三」ですが、現在は三歳の男女（あるいは女子のみ）、五歳の男子、七歳の女子が十一月十五日に着飾ってお宮参りする行事と定められています。ではその起源はご存じでしょうか。もともと年中行事の始まりというのは不明瞭《ふめいりょう》なのですが、特に七五三についてはほとんどわかっていません。というのも一つの行事ではなく、三つの行事が集められて一つの年中行事になっているからです。

しかも「七五三」という名称は、資料的には明治以前まで遡れません。それを前提にして、どうして十一月十五日かということについては、五代将軍徳川綱吉《つなよし》が長男徳松（館林藩主）の三歳の祝いを天和《てんな》元年（一六八一年）十一月十五日に催したことが起源とされています。ちょうどその日は二十八宿の中で最上の吉日の鬼宿日《きしゅくにち》に当たっていたので、子供のお祝いをするには吉だったようです。

これがきっかけとなり、江戸の武士たちの間で十一月十五日に子供の成長を祝う行事として定着していきました。要するにもともと狭い関東圏における、しかも武士階級の風俗だったのです。ですからそれが京都や大阪で行われるようになるのは、それからずっと後ということになります。

ただし初出例は武家における三歳の男の子ですから、これを七五三の起源としていいのかどうか難しいところです。もともと平安時代の貴族世界では、生まれてから三歳までは頭髪を剃《そ》り、三歳から髪の毛を伸ばし始めたそうです。それを「髪置きの儀」と称していました。ですから将軍家の儀式とはルーツが異なっています。

五歳の「袴着《はかまぎ》」（着袴）にしても、もともとは平安時代の儀式でした。ただし年齢には幅があるし、男女ともに行っていました。鎌倉時代以降、武家の行事にも広がったことで、徐々に男の子のお祝いとして定着していったようです。

最後の七歳ですが、「袴着」が男の子に独占される過程で、女の子の行事として固定していったようです。七歳までは紐《ひも》で着物を留めていたのを、七歳から大人と同じように帯で留めるようになります。それを「紐落とし」あるいは「帯解き」と称しました。

以上のように七五三というのは、かつては年齢も定まっていなかった別々のお祝いが、徐々に合体して三歳・五歳・七歳に区分され、遂に十一月十五日に特定された珍しい（作為的な）行事だったのです。当然現在のような形態になったのは、それこそ明治時代以降ということになります。非常に新しい年中行事といった意味がおわかりいただけましたか。

もともと「髪置き」にしても「袴着」にしても貴族の儀式でした。それが徐々に武家に広がり、さらに大衆化していったわけですが、そこには晴れ着を売るという呉服屋さんの商魂も見え隠れしています。もちろん神社側にとっても、お参り（お賽銭《さいせん》）が増えるのはありがたいことでした。

なお、その日に買い求める縁起物の千歳飴《ちとせあめ》にしても、最初からあったのではなく、浅草の飴売り七兵衛が元禄《げんろく》以降に「千年飴」として売り出したのが最初で、それが全国的に「千歳飴」として広まったとされています。かくして現在のような七五三が全国的な年中行事となったのです。

「冬来りなば春遠からじ」

寒い冬になると、一刻も早い春の訪れが待ち遠しいものですね。そういう時についロをついて出るのが「冬来りなば春遠からじ」という言葉ではないでしょうか。この有名な言葉、一体誰が言ったかご存じですか。なんとなく昔から言われている「ことわざ」（つらい時期を耐え抜けば必ずいい時期がくる）のようにも思えますね。ひょっとすると中国の漢詩（冬来春不遠）が原典だと思っている人もいるかもしれません。

実はこれはイギリスの詩人シェリーの詩が出典でした。彼の長詩「西風に寄せる歌」の最末尾に、

If Winter comes, can Spring be far behind ?

とあるのがそれです。これを見事な日本語に訳したのが、巷間《こうかん》では上田敏だといわれています。ただし『海潮音』(上田敏の訳詩集)はもちろんのこと、『上田敏全訳詩集』にも見当たりません。あるいは『シェリー詩集』の訳者上田和夫と混同されているのかもしれません。

それとは別に、ハッチンソンの小説『If Winter comes』を木村毅が翻訳した際、本の扉に添えられていたシェリーの詩を「冬来《き》なば、春遠からじ」と訳しています。さらにこの小説が映画化された際、「冬来《きた》りなば」と改訳されています。

さて原詩を見て気になることはありませんか。「Winter」「Spring」の頭が大文字になっているのは、「冬」・「春」を擬人化しているからでしょう。それよりも末尾のクエスチョンマークはいかがでしょうか。これが付いているということは疑問文だということですから、疑問文として訳さなければならないはずです。それにもかかわらず、「冬来りなば春遠からじ」は疑問文になっていません。本来なら「春遠からじや?」と訳すべきでしょうか。

ここで私の恥ずかしい体験を紹介しておきましょう。それは小学生の頃のことでした。多少ませていた私は、『海潮音』に載っている「山のあなたの空遠く」(カアル・ブッセ)

や「秋の日のヰオロンのためいきの」（ヴェルレエヌ）などの詩を好んで暗誦《あんしょう》していました。そして調子に乗って「冬来りなば」を、両親の前で「冬こりなば」と読み上げてしまったのです。即座に父親から「それは「きたりなば」と読むんだ」と駄目出しされてしまいました。

国語（文学）には多少自信があったのですが、小学生の私は「来る」を「きたる」とは読めなかったのです。顔が真っ赤になるほど恥ずかしかった記憶が、今でもありありと蘇《よみがえ》ってきます。それ以来、「来る」には特別に注意を払うようになりました。さて話を戻して、木村毅の「きなば」という訳と、改訳された「きたりなば」はどう違うのでしょうか。

「きなば」は「来るなら」で、「きたりなば」は「来たなら」という答えが多いかと思います。ここに動詞「来」（カ変）のやっかいさがあります。おそらく「きたる」を完了として訳すのは、「たる」が完了の助動詞だと認識しているからでしょう（「来」＋「たり」）。ところが「きたる」は、それ自体で一語の動詞なのです（「来」＋「至る」の複合動詞）。ですからこれを「た」と完了に訳すことはできそうもありません。

では「く」と「きたる」の違いはどこにあるのでしょうか。それはどうやら意味上の違いではなく、使用上の違いということになりそうです。要するに和文脈では「く」を用い、漢文脈（訓読体）では「きたる」を用いるわけです。当時は漢文調の「冬来りなば」という翻訳の方が受けが良かったようです。

そうなると「冬来りなば」は、現在形で「冬が来るなら」と訳すのが正解ということになります。それを踏まえた上でさらに疑問文に訳すと、「冬が来るなら、春がはるかに遠いことがありえようか?」となります。これを反語的に訳すと、「春遠からじ」(春は遠くないぞ・春は近いぞ)となります。合点していただけたでしょうか。

「榊(賢木)」をめぐって

「賢木《さかき》」という常緑樹をご存じですよね。では「賢木」の意味はおわかりですか。漢字で「賢い木」と書いてありますが、「賢い」は「クレバー」ではなく神様の前で「恐れ多い(かしこみ)」という意味です。この「賢木」は『源氏物語』の巻名にもなっています。嵯峨野にある野宮《ののみや》神社で精進潔斎している六条御息所のところへ、光源氏が訪れる話です。

漢字としては「榊《さかき》」の方がお馴染みでしょうか。この「賢木」の初出例は『古事記』天《あま》の岩戸の段にある「天の香具山の五百津真賢木《いおつまさかき》」のようです。また『万葉集』に一例だけですが、「奥山の賢木の枝にしらかつけ木綿《ゆう》取り付けて」(三七九番)とあります。二つとも表記は「賢木」ですから、こちらが古い名称だと思われます。

それに対して「榊」は中国にはない漢字、というより日本で作られたいわゆる国字(和製漢字）でした。木偏に神、つまり神の木と書いて「榊」というわけです。「峠」「裃《かみしも》」とか「辻《つじ》」「畑」「畠《はたけ》」などと同類ということになります。

もともと「賢木」は単体の樹木名ではなく、常緑の広葉樹の総称として用いられていました（「真木」も同様）。一年中青々としている常緑ですから、松と同様に不変や弥栄《いやさか》の意味を有しているめでたい木なのです。その語源としては、『日本書紀』や『色葉字類抄』に「坂樹」と記されていることから、「坂（境）の木」、つまり神と人の世界の境界を示す神域の樹木、あるいは神の依り代となる樹木とされています。そのため「賢木」という広葉樹の総称から、「榊」という神に関わりのある固有名詞へと絞り込まれていったのです。

ところで前述の『古事記』には「真賢木」とありましたが、ツバキ科の「真榊」は関東以西（西日本）に普通に見られるものです。ですから関西の神社で用いられている「榊」は「真榊」（本榊とも）と思って間違いありません。ところが関東以北（東日本）に「真榊」は生息しておらず、神社では神事に「真榊」を使用することができません。

そこでよく似ている「非榊《ひさかき》」（姫榊とも）という樹木で代用するようになりました（「真榊」ではないから「非榊」です）。今でも地域によって神社では「榊」が使い分けられています。さてあなたの知っている「榊」はどちらでしょうか。といってもきちんと見分けられる人は少ないかもしれません。

この「賢木」は古くから歌にも詠まれています。『古代歌謡集』に収録されている「神《かぐ》楽歌《ら》」を見ると、「榊」の歌が四首並んでいました。

1　榊葉の香をかぐはしみ求《と》め来れば八十氏人《やそうぢびと》ぞ円居《まとゐ》せりける円居せりける
2　神籬《かみがき》の御室《みむろ》の山の榊葉は神の御前《みまへ》に茂りあひにけり茂りあひにけり
3　榊葉に木綿《ゆふ》取り垂《し》でて誰《た》が世にか神の御室と斎《いは》ひそめけむ
4　霜八度《やたび》置けど枯れせぬ榊葉の立ち栄ゆべき神の巫女《きね》かも

このうちの二首（2・4）は『古今集』の「神遊び歌」にも採録されています。四首とも「榊葉」として詠われており、やはり常緑の葉を神事に用いている点が重要です。なお1の歌に「榊葉の香をかぐはしみ」とありますが、なんと「真榊」にはほとんど匂いがありません。それでこれは線香の材料にもなる「樒《しきみ》」のことか、とも考えられています。古くは広葉樹の総称だったことから、こういったずれが生じているのでしょう。榊も奥深いですね。

『竹取物語』の竹

早速質問です。植物学上、竹は木の一種でしょうか、それとも草に属しているのでしょうか。この「竹は木か草か」という議論は、随分昔からあったようです。加えて篠《しの》や笹もあるので、ちょっと面倒ですね。

もちろんそのどちらでもないという意見もありました。古くは中国の戴凱之《たいがいし》の『竹譜』に「竹不剛不柔非草非木」云々とあります。それを受けて『古今集』に、

木にもあらず草にもあらぬ竹のよのはしに我が身はなりぬべらなり（九五九番）

とあって、木でも草でもない竹のような我が身と詠じています。これは蝙蝠《こうもり》と同じようにどっちつかずということです。きのこも「木の子」ではないですよね。

さてその答えですが、植物学上、竹はイネ科に属しているので、草が正解ということになります。竹はもともと暖かい国のもので、東南アジアや中国が原産地と考えられていま す。一般によく知られている孟宗竹《もうそうちく》など、中国の二十四孝説話から命名されたものですから、日本産ではありません。江戸時代中期の正徳（一七一一～一六年）頃に、中国から輸入されたとされています。

京都御所見学で清涼殿へ行くと、庭に「呉竹《くれたけ》」「漢竹《かわたけ》」の二種が植えられています。これにしても「呉」「漢」は中国の王朝名ですから、中国から渡来したものであることがわかります。『日本紀略』の弘仁《こうにん》四年（八一三年）十二月条に「天下呉竹実如麥《むぎ》其後枯盡」

とあって、平安朝初期に呉竹は実を付けた後で尽《ことごと》く枯絶したことがわかります。ところでなぜ竹を輸入したかというと、それは竹が人間にとって非常に有益だからです。食用にも薬用にもなるし、細工にも適しています。エジソンはフィラメントとして利用しました。

ではここで、みなさんよくご存じの「かぐや姫」について押さえておきましょう。かぐや姫は『竹取物語』のヒロインですが、竹の中から現れるという非現実的な登場をしています（生まれたわけではありません）。本文には、

その竹の中に、もと光るたけなむ一すぢありける。あやしがりて、寄りて見るに、筒の中光りたり。それを見れば、三寸ばかりなる人、いとうつくしうてゐたり。

とあります。この箇所、中学か高校の国語の授業で習ったことがありますよね。

そこで質問です。竹取の翁《おきな》は光っている竹を切ったのでしょうか。本文には「それを見れば」とあるだけで、どこにも切ったとは書かれていません。それにもかかわらず、近代の子供絵本を見ると、必ずといっていいほど太くて大きな竹と、手にナタやのこぎりなどの刃物を持った翁が描かれているではありませんか。どうやらこれは絵師の合理的解釈によって生じた幻想だったようです。

竹の大きさにしても同様です。本文のどこにもサイズについては言及されていません。

ただし本文に「三寸ばかり」とあることから、そのかぐや姫が入れる大きさの竹が選ばれているのでしょう。孟宗竹でなくても、真竹でも十分入れます。いずれにしても絵は物語の理解を助けてくれる一方、場合によっては本文の解釈を歪《ゆが》める、あるいは方向付けることもあるので注意が必要です。

ついでながら絵本では、見事に斜めに切られた竹の中に、かぐや姫が描かれていますね。これを見ると、よくぞかぐや姫は無事だったと思わないでもありません。刃物が当たって血だらけになったかぐや姫とか、首のないかぐや姫では話になりませんから。

ここでまた質問です。かぐや姫は赤ん坊なのでしょうか、女の子なのでしょうか。それとも成人女性のスモールサイズなのでしょうか。本文に「人」とあるので、赤ん坊ではなさそうですね。まして「ゐたり」というのはすわっているという意味ですから、すわれない赤ん坊では該当しません。またかぐや姫が裸なのか衣服を身に着けているのかも本文には書かれていません。すべては絵師の創作に任されていることになります。

絵本の絵が、いかに本文とは無関係に描かれているか、ご理解いただけましたか。本来、竹の中というのは特殊な聖的空間であり、必ずしも具体的な広さ・大きさを必要としないものでした。だから翁は竹を切る必要もなかったのです。

「落雁」の由来

「落雁」という名の干菓子、ご存じですよね。では日本三大落雁は言えますか。まず金沢（加賀藩）の「長生殿」が有名ですね。それに新潟県（長岡藩）の「越乃雪《こし》」と、島根県（松江藩）の「山川」の三つが答えになります。

どれも大名との関わりが深い高級茶菓子でした。「長生殿」は、第三代加賀藩主前田利常《としつね》公から七夕用の菓子作りを命じられて作られたものです。小堀遠州が白楽天の『長恨歌《ちようごんか》』（玄宗皇帝と楊貴妃《ようきひ》の恋物語）の一節「七月七日長生殿」から取って、「長生殿」と命名したとされています。そこは玄宗と楊貴妃が永遠の愛を誓ったところです。

「越乃雪」は、安永七年（一七七八年）に第九代長岡藩主牧野忠精《まきのただきよ》が病に臥《ふ》せっていた時、この菓子を作って献上したところ、それを食べた忠精はほどなく病が全快したそうです。そこでお殿様から全国に向けて販売するようにと勧められました。その白くまぶしたもち米の粉の状態から「越乃雪」と命名されたそうです。

第七代松江藩主松平治郷《はるさと》（不昧《ふまい》）は、茶人としても有名な人です。「山川」は不昧公が作らせた菓子の一つですが、これは「散るは浮き散らぬは沈む紅葉《もみぢ》ばの影は高尾の山川の水」という歌に因んで命名されたものです。おそらく百人一首にある「山川に風のかけたるしがらみは流れもあへぬ紅葉なりけり」を踏まえたものでしょう。紅白二つの菓子は、紅が紅葉で白が川の水を象徴しています。風流ですね。

ところで「落雁」という名前の由来ですが、大きく二説あります。一説は中国由来説です。中国に同じような「軟落甘《なんらくかん》」という菓子があり、それが日本に伝来した後、「軟」が落ちて「落甘」となり、いつしか「落雁」と呼ばれるようになったという説です。もう一つは、滋賀県（近江）の「近江八景」から命名されたという説です。「八景」は中国の「瀟湘《しょうしょう》八景」を模倣して定められたもので、他に「金沢八景」「南都八景」などたくさんあります。

その「近江八景」とは、「石山の秋月《しゅうげつ》」「瀬田《せた》の夕照《せきしょう》」「粟津《あわづ》の晴嵐《せいらん》」「矢橋《やばせ》の帰帆」「三井《みい》の晩鐘」「唐崎《からさき》の夜雨」「堅田《かたた》の落雁」「比良《ひら》の暮雪」の八つです。江戸初期に近衛信尹が八景和歌を詠んでいるので、その頃には成立していたことがわかります。その八景の中の「堅田の落雁」から、白い四角の生地の上に胡麻《ごま》が散らされているのを、雪の降った田んぼに雁が舞い降りるのに見立てて「落雁」と名付けたということです。これも風流ですね。

「軟落甘」が中国から伝来したのは室町時代でしょうが、井原西鶴《さいかく》の『好色五人女』や『西鶴諸国ばなし』、近松門左衛門の『けいせい反魂香《はんごんこう》』に「落雁」「御所落雁」として引用されているので、元禄頃にはかなり一般化していたことがわかります。享保《きょうほう》三年（一七一八年）刊『古今名物御前菓子秘伝抄』には「落雁」の製造法が掲載されており、米粉と砂糖を混ぜたものを木型に押し固めて作るとあります。

私は長崎出身ですが、長崎では「落雁」といわずに「こうさこ（口砂香）」と呼んでいました。これなど中国人がもたらした「軟落甘」の末裔《まつえい》ではないでしょうか。これはもち米ではなくうるち米を使っていますが、角砂糖に近い感じがします。口の中で砂糖が香るという意味です。

なお上質の砂糖を「和三盆」と称していますが、ここで質問です。「落雁」と「和三盆」は同じものですか、違うものですか。見た目は同じように見えますが、「落雁」には米粉が入っているのに対して、「和三盆」は純粋な砂糖菓子で、米粉は入っていません。それが大きな違いです。ついでながら、米粉以外に麦粉で作った「麦落雁」や、大豆を挽《ひ》いて作った「豆落雁」、小豆《あずき》で作った「もろこし」もあります。

第六部　京都文化

『都名所図会』(国立国会図書館蔵)

京都御所案内

京都の観光スポットの一つとして京都御所があげられます。少し前までは春と秋にだけ一般公開されていましたが、二〇一六年から予約なしで通年公開されるようになりました。そのため外国人を含めて多くの観光客がつめかけています。私もこの春、学生を引率して満開の左近《さこん》の桜を見物してきました。

ところで誤解している人がいるかもしれませんが、あの周囲四キロの広い敷地の全てが御所というわけではありません。むしろ大枠は御苑《ぎょえん》（公園）であり、その中に御所があると思ってください。御所というのはかつての内裏のことで、天皇のお住まい（清涼殿・後宮）や政治の中心（紫宸殿《ししんでん》）のある所です（東京では天皇のお住まいを宮城とも称していました）。横に白い五本線の入った築地塀《ついじべい》で囲まれたところですから、間違いようがありません。

もともと御所の周囲には、貴族の邸宅が立ち並んでいました。ただしそれも秀吉によって御所の近辺に集められたものです。今出川御門を入ったすぐ西には旧近衛《このえ》邸跡がありますが、池の前の早咲きの桜は「近衛の糸桜」と称されています。これもお勧めスポットの一つです。

ついでながら御所は宮内庁の管轄ですが、御苑は環境省となっていて、それぞれ役割分担が異なっています。明治になって天皇が東京に行幸された後、御苑の整備計画が行われました。そのため旧柳原邸（現在の京都迎賓館の一部）で開校していた同志社女学校は、立ち退きを余儀なくされました。

原則、御苑への出入りは自由ですから、夜でも入ることができます。それに対して御所は警備の都合もあって時間制限が設けられています。そこには宮内庁の職員のみならず、皇宮護衛官も勤務しています。

最初、内裏は平安京の中央を南北に走る朱雀大路《すざくおおじ》の北側に位置していました。内裏に入る門が朱雀門です。朱雀大路の南端にあったのが羅城門（正門）です（芥川の作品では『羅生門』になっています）。なお羅城門は、天元三年（九八〇年）に倒壊した後、再建されることはありませんでした。その羅城門の東側に東寺（左大寺）が、西側には西寺（右大寺）がありましたが、正暦《しょうりゃく》元年（九九〇年）に西寺が焼亡してしまい、その後も火災が続いたことで現在は東寺しかありません。その点、奈良には現在も東大寺と西大寺が残っています。

内裏にしても、四百年間変わらず建っていたわけではありません。しばらくは安泰でしたが、村上天皇の天徳四年（九六〇年）に全焼して以来、その後の百年間になんと二十回も全焼しています（五年に一度）。要するに焼亡と再建を繰り返しているわけです。さすがに平安京の内裏は、焼亡のたびになんとか再建されています。その間、天皇は仮の御所（里内裏）に住まわれるわけですが、道長の娘彰子はちょうど内裏が焼亡した長保《ちようほう》元年（九九九年）に入内《じゆだい》していますから、藤壺《ふじつぼ》などあったはずはありません。彰子に仕えた紫式部にしても、正式な内裏に住んだ経験はなさそうです。

鎌倉時代に至って武士の社会となり、天皇および摂関家の権威が失墜すると、もはや本格的な内裏を再建するだけの経済基盤など存せず、安貞元年（一二二七年）の焼亡を最後として、それ以降正式な内裏が再建されることはありませんでした。現在二条城のあるところが、かつて内裏のあったところです。

今ある御所は、里内裏の一つであった土御門《つちみかど》東洞院殿《ひがしのとういんどの》跡で、安政二年（一八五五年）にかなり規模を縮小して再建されたものです。かつて内裏のあったところから二キロ東にあります。里内裏ということで、後宮に関する平安朝の知識は今の御所には通用しません。かつてあった後宮七殿五舎などもはや存在しないからです。

それでも紫宸殿の正面の格子は一枚格子で、室内側に吊《つ》り上げられていますから、これはぜひ御覧ください。また清涼殿の庭に呉竹《くれたけ》・漢竹《かわたけ》が植えられています。これこそ『徒然草』二〇〇段に「呉竹は葉細く、漢竹は葉広し。御溝《みかは》に近きは漢竹、仁寿殿《じじゆうでん》の方に寄りて植ゑられたるは呉竹なり」と書かれているものです（まるで観光ガイドブックですね）。残念ながら今の御所に仁寿殿はありません。

いずれにしても御所を見学することで、古典のイメージを膨らませることは十分可能です。なお、かつて御所の南側にあった大極殿も、安元三年（一一七七年）に焼亡した後再建されていませんが、平安神宮はその大極殿を復元したものですから、ぜひ平安神宮へも足を運んでください。

「蛤御門」について

御所を含む周囲四キロの御苑の外郭には、九つの門があります。北側の今出川御門や南側の堺町御門もその一つです。その中に一つだけ、奇妙な名前の付いた門がありますが、わかりますか。それが「蛤御門」です。正式には「新在家《しんざいけ》御門」というそうです。「新在家」は地名のようですが、新しくできた町という意味でしょう。もともと九つの門は地名から命名されていました。

それがなぜ「蛤御門」と称せられたのかについては、天明の大火まで話を遡《さかのぼ》らせなければなりません。江戸時代、京都は三度の大火に見舞われました。宝永の大火と天明の大火と元治の大火（どんどん焼け）です。中でも天明八年（一七八八年）に発生した大火はすさまじく、御所や二条城を含め京都市街の八割が灰燼《かいじん》に帰してしまったといわれています。

そういった火災によって、滅多に開くことのなかった（開かずの）「新在家御門」が開けられたということで、堅く蓋《ふた》を閉じている蛤が火にあぶられて開くことに喩《たと》えられて、誰いうとなく「蛤御門」と呼ばれるようになったそうです。京都の町衆も洒落《しゃれ》ていますね。その名称は天明の大火の折に付けられたとされていました。ところが最近、史料が出現したことで、元禄《げんろく》以前からそう称せられていたことがわかったそうです。

その後、元治元年に勃発《ぼっぱつ》した「禁門の変」では、この門の周辺が会津藩と長州藩の激戦地となったために、「蛤御門の変」という俗称も生じています。二〇一三年に放送されたNHKの大河ドラマ「八重の桜」で、西島秀俊演じる山本覚馬（新島八重の兄）が活躍したのがこの場所です。これは応仁《おうにん》元年（一四六七年）に勃発した応仁の乱以来の戦ともいわれていますし、大坂夏の陣（慶長二十年・一六一五年）以来の大名同士の交戦ともいわれています。

「禁門の変」は幕府側の会津・薩摩《さつま》藩が勝利しました。しかしその戦によって京都市内は再び大火に見舞われました。敗れた長州藩が屋敷に火を放ったこと、また堺町御門近くの鷹司《たかつかさ》邸が砲撃によって炎上したことが原因だといわれています。その火が燃え移って三日間燃え続け、約三万戸の家が焼けたとされています。

火の勢いが強くてどんどん焼けていったので、「どんどん焼け」と称されたとか、鉄砲の音がどんどんと聞こえたので「どんどん焼け」あるいは「鉄砲焼け」と命名されたともいわれています。もちろんこの折も「蛤御門」は開いています。現在京都にある町家のほとんどは、古そうに見えてもこの後に建てられたものです。

幸い「蛤御門」は、筋鉄《すじがね》製だったことで焼け残りました。その戦の折に門に命中した弾痕《だんこん》は今でも見ることができます。ただし門の位置は昔と違っています。というのも、明治十年以降に行われた大掛かりな御苑整備事業の際、「蛤御門」は現在の位置まで三十メートルほど西に移設されたからです。また外郭の門にするために、方向もかつては南向きであったものが西向きに変えられています。決して昔から今の場所にあったわけではないことを忘れないでください。

二〇一八年の大河ドラマが、戊辰戦争百五十周年に合わせて「西郷どん」になったことで、またこの門が戦争の舞台として脚光を浴びるかもしれませんね。

ＪＲ京都駅０番ホームの謎

ＪＲ京都駅の中央改札口（烏丸口《からすまぐち》）を入ってすぐの０番ホームは、かつて豊臣秀吉が築いた御土居《おどい》跡の盛土《もりど》を利用して作られたものといわれていました。しかしながら近年の発掘調査によって、御土居そのものではなく御土居に付随する堀の跡であることが判明しました。御土居があったのは現在の駅ビルの下だったのですが、とっくの昔に壊されていたのです。

ところが京都・観光文化検定の問題に、「京都駅には、御土居（土塁）を活用して作られたプラットホームがある。現在の何番ホームか」という問題が出され、0番ホームが正解とされました。そのためすぐに間違いではないかという問い合わせがあったようです。それに対して「御土居堀跡」も御土居の一部という回答で、訂正は行われませんでした。

その堀跡にある0番ホームですが、ホームにある「0」という表示を見て珍しいと思いませんでしたか。実は駅の改修の都合などで、全国の四十ほどの駅（長崎・盛岡・白浜など）に0番ホームがあるそうです。ですからそんなに珍しいものではありません。熊本駅など0Aから0Cまで0番が三つもあったそうです（現在はなくなりました）。その0番ホームから、向かいのホームの表示を見てください。そこには「2」と記されています。そう、京都駅には1番ホームが存在しないのです。

古い京都駅をご存じの人は、昔は0番ではなく1番ホームだったぞとおっしゃるかもしれません。事の起こりは平安遷都千二百年記念事業でした。それにあわせて京都駅も大改修が行われました（激しい景観論争もありましたね）。観光地京都ですから、駅には多くの電車が発着しています。京都駅は在来線特急発着の種類が最も多い駅でもあります。それに合わせて線路の増設が行われ、在来線が十一本になりました。ところが11番から14番まではJR東海が管轄する新幹線のホームの番号に振り当てられていたので、在来線を管轄するJR西日本は11番が使えません。そこで10番までに収めるために数字を遡らせて0番を使うことにしたわけです。ただし今度は線路に付けられた0番線と、ホームに表示された1番ホームのずれが混乱を招く元凶になってしまいました。

そこで二〇〇二年三月に1番ホームを線路に合わせて0番ホームと訂正しました。それなら旧2番ホームが連動して1番ホームになってもおかしくありませんよね。でも2番ホームはそのままでした。そのため1番ホームだけが消滅したわけです。この説明でまだ納得できない人は、現場に行って線路をよく見てください。0番線と2番線の間にもう一本線路があることに気づくはずです。実はこれが幻の1番線なのです。もともと貨物列車や回送電車の通過専用だったので、最初からホームはありませんでした。これが京都駅に1番ホームがない理由だったのです。

ところで京都駅には34番ホーム（降車専用）があります。これは全国の駅の中で一番大きな数だそうです。でも調べてみると、実際には十九しかありません。そのからくりは15番から29番までが空白だからです。これは一体どうしてなのでしょうか。それはＪＲが言語遊戯というか語呂《ごろ》合せをしているからでした。山陰線のホームは31番から34番までなのですが、「さんいん」という発音に「三一」という数字をあてようとして、それ以前の数字を飛ばしてしまったのです。ＪＲも洒落たことをしますね。

最後にもう一つの0番ホームの謎に迫ります。実は0番ホームは日本一長いホームとして知られています。もちろん在来線でそんなに長い車両などありません。その理由は、0

番ホームの西にもう一つ30番ホームが続いているからです。30番ホームは関西空港行きの特急はるか専用ホームです。0番ホームの長さが三百二十三メートルで、30番ホームが二百三十五メートルですから、合わせると五百五十八メートルになります。新幹線のホーム（四百メートル強）よりもずっと長いのです。京都駅って面白いですね。

東の鴨川、西の大堰川

平安京は東西にある二つの大きな川で挟まれています。その名前が言えますか。東が鴨川で西が大堰川《おおいがわ》です。ただしそれだけではまだ不十分です。まず鴨川ですが、決して一つの川ではありません。そもそも鴨川はYの字になっています。それが自然にできたものか人工的に造られたものなのか意見が分かれています。

そのYの字の左側が賀茂川で、右側が高野川と称されています。その合流地点を河合といい、河合神社が祀《まつ》られています。古くは川の洪水・氾濫《はんらん》を鎮める役割があったのでしょうが、現在は女性の守護神である玉依姫命《たまよりびめのみこと》が祀られていることから、美人になれるパワースポットとして有名になっています。

またここには鴨長明《かものちょうめい》の方丈の庵《いおり》も復元されています。もともと長明は下鴨神社（賀茂御祖神社《かもみおやじんじゃ》）の禰宜《ねぎ》の家系に生まれた人でした。和歌や音楽の才能があったことで、後鳥羽院の引き立てで河合神社の禰宜に推挙されました。しかし同僚の反対によって、神職の道は閉ざされてしまいました。そこで出家した長明は大原で隠棲《いんせい》し、『方丈記』を執筆したというわけです。

その長明を含め、鴨川一体は古くから賀茂氏の勢力圏でした。その賀茂氏は渡来人系だともいわれていますが、治水や暦に関する知識を有しており、安倍氏とともに陰陽師《おんみようじ》として活躍していきます。平安京に遷都してきた朝廷は、賀茂神社を王城鎮護の守護神とするために、弘仁《こうにん》元年（八一〇年）に嵯峨天皇皇女有智子内親王を初代斎院に卜定《ぼくじよう》しました。それが葵祭の由来でもあります。

一方、西の大堰川一体には、古くから渡来人系の秦氏《はたうじ》が居住していました。現在映画村のある太秦《うずまさ》も秦氏に関わる地名です。松尾大社・秦河勝《はたのかわかつ》が創建した広隆寺・三柱鳥居《みはしらとりい》で有名な蚕ノ社《かいこやしろ》などが秦氏と深く関わっています。多少離れていますが、伏見稲荷《ふしみいなり》大社も秦氏と関わりのあるものでした。

『山城国風土記逸文《やましろのくにふどきいつぶん》』によれば、秦氏の先祖がおごって食べ物の餅《もち》を的にして矢を射ったところ、餅が白鳥と化して飛び去りました。そして現在の稲荷山に下り立ったのですが、そこに稲が生えたので稲荷と称されるようになったとのことです。後に秦氏の子孫は過ちを悔い、稲荷山を祀ったのが伏見稲荷の起源とされています。元は秦氏の氏神だったものが、全国的な神社になったわけです。

この大堰川も暴れ川で、治水が困難だったようです。それを中国の進んだ治水技術を有する秦氏が整備し、渡月橋の上流に堰《せき》（ダム）を設けました。大きな堰だったので葛野大《かどのおお》堰《い》と称され、川の名前も大堰川と称されるようになりました。これによって農業用水を引くこともできたし、水の流れが緩やかになったことで、鵜飼《うかい》や船遊びもできるようになり、貴族の遊覧の地として発展しました。すべては秦氏の活躍あってのことです。

ところで大堰川にはいくつもの呼び名があります。古くは葛野川でした。舟で川を下るのは保津川《ほづがわ》下りですよね。つまり上流（保津峡）を流れる川は保津川と称されています。それが堰によって大堰川に変わり、その下流は桂川と称されています。さらに下流で東の鴨川と合流すると、そこから淀川《よどがわ》になります。

平安京は二つの川に挟まれているだけでなく、賀茂氏と秦氏という二つの渡来人系氏族によって、治水・開墾されていたのです。

京都の「あがる」「さがる」

四月から新学期が始まりました。京都で下宿生活を始めた新入生も多いかと思います。そういう人に質問です。京都の住所表記はいやに長ったらしいと感じませんか。古くから京都に住んでいる人はともかく、新しく転居してきた人はまず住所表記を見て驚くはずです。私も同志社女子大学の住所を見てびっくりしました。それは「京都市上京区今出川通寺町西入玄武町六〇二―一」です。

まず何で町名が二つもあるのかと不思議でしたが、上の「寺町」は町名ではなく通り名のことでした。今出川通と寺町通の交差したところという意味です。「西入」はそこから西に入ったところの玄武町ということです。「東入」もあります。もともと「玄武」というのは北のことですから、これは御所の北側という意味になります。後で知ったことですが、玄武町には同志社以外にはたった一軒しか家がありません。その一軒とはあの有名な冷泉家でした。

京都は町並みが碁盤の目のようになっていますから、東西だけでは済みません。もう一つ、南北を表す「上る」「下る」もあります。北に行くのが「あがる」で、南に行くのが「さがる」です。では類似している「のぼる」「くだる」とは何が違うのでしょうか。「のぼる」「くだる」は身分差を表すもので、天皇のいらっしゃる内裏に向かうことが「のぼる」あるいは「まいる」で、内裏から退出するのが「さがる」（里下がり）あるいは「まかる」です。たまたま内裏が北にあって、天皇が南を向いていらっしゃることで、「あがる」と混同されたのでしょう。

電車の「のぼり」「くだり」にしても、皇居のある東京へ向かうのが「のぼり」で、東京から地方へ向かうのが「くだり」です。すごろくの「あがり」は特別で、江戸時代の東海道五十三次双六《すごろく》は京都（三条大橋）が「あがり」でしたが、明治になると「あがり」が東京（日本橋）になっています。これは天皇が都を京都から東京に遷《うつ》されたことによる改訂でした。

ついでながら右京区・左京区についてはわかりますか。地図の向かって左側が右京区で、右側が左京区になっています。左右が反対なのです。これは古典の教養があれば大丈夫です。右か左かを決めるのは天皇ということで、南面されている天皇から見て右が右京区、左が左京区になるわけです。これは京都ならではの視点です。

ところで京都が盆地だということは常識ですよね、東・西・北の三方が小高い山に囲まれていて、南だけが空いています。歴史を遡ると、昔は湖だったそうです。その最後の名残が巨椋池《おぐら》ですが、それも干拓されてしまいました。ただし京都の冬が寒いのは「冷気湖」特有の気象現象とされています。こんなところに昔の地形が影響を及ぼしていたのです。

前にお話ししたように、京都の東西には北から南に二つの川が流れています。東の川が鴨川で、西の川が桂川（大堰川）です。川は高い方から低い方へ流れますから、これで北が高くて南が低いことがわかります。その高低差が半端ではないのです。

かつて東寺の五重塔のてっぺんは、北大路通と同じ高さだといわれていました。五重の塔の高さは約五十五メートルですから、東寺から北大路通までの間に五十五メートルも上っていることになります。数字を聞いて、本当にそんなに上っているのかと疑問に思いませんか。

そこで標高を調べてみると、東寺はなんと海抜二十三メートルの低さでした。かつて京都が湖の底だったことが納得されます。それに対して北大路堀川は海抜七十七メートルですから、その差は五十四メートルになります。これだとほぼ五重塔の高さと等しいですね。京都は南から北に向かってこんなに上っていたのです。

それが自然に京都特有の「あがる」「さがる」を生み出したのではないでしょうか。現代のわれわれにはほとんど感じられませんが、昔の人は京都における南北の標高差を、住所表記に見事に盛り込んでいたのです。

京へ筑紫に坂東さ

みなさんは「京へ筑紫《つくし》に坂東《ばんどう》さ」という表現を耳にしたことがありますか。ではそれがどんな意味かおわかりでしょうか。これは方言（地域）における助詞の違いを的確に表した例とされています。「どこそこ（へ・に・さ）行く」という時に使う格助詞として、京都では「へ」、北九州では「に」、関東では「さ」が使い分けられていたというのです。

これがいつから言われるようになったかを調べると、室町時代まで遡ることができます。

もっと古く、例えば『万葉集』には、

新羅《しらき》へか家にか帰る壱岐《ゆき》の島行かむたどきも思ひかねつも（三六九六番）

という六人部連鯖麻呂《むとべのむらじさばまろ》の歌があります。これは「新羅へ」と「家に」が使い分けられている例として有名です。この場合、心理的に遠いものは「へ」、近いものは「に」と説明されています。外国と我が家ですからそれで納得してしまいそうですが、詠《うた》われたのが壱岐《いき》ですから、むしろ直線距離は新羅（朝鮮）の方が近く、我が家の方が遠いことになります（六人部は京都の氏族）。

ただしこの説明だと、方言の使い分けとは全く関わらないことになります。もともと「へ」は方向で、「に」は帰着（場所）を表すとされていました。この方が納得できます。それが鎌倉時代に至ると、「へ」も帰着を示すようになり、また「に」も方向を示すようになります。要するに「へ」と「に」の用法が混同されるようになったのです。これは移動の多い武家社会の影響かもしれません。

そして室町時代になると、それが方言として意識されるようになったのでしょう。面白いことに、初出とされている三条西実隆《さんじようにしさねたか》の日記『実隆公記』（十五世紀成立）には、連歌師宗祇《そうぎ》の談として「京に筑紫へ坂東さ」と出ていました（明応五年正月八日条）。宗祇は諸国を巡っているので、早くにその違いに気づいたのでしょう。不思議なことに『実隆公記』では、「京」が「に」で「筑紫」が「へ」となっています。そうなると「へ」と「に」には互換性があることになります。本来、「へ」と「に」は方言による違いではなかったことを物語っているのかもしれません。

その後、蘇東坡の漢詩集の注釈書である『四河入海』（天文三年成立）という書物になると、「日本でも、筑紫に京へ坂東さと云類《いふたぐひ》ぞ」と出ています。ここで「京」と「筑紫」が入れ替わっています。それがポルトガルの宣教師ジョアン・ロドリゲスの『日本大文典』（慶長九年刊）へ受け継がれ、「京へ筑紫に坂東（関東）さ」という表現として二回も引用されています。結局初出ではなく、この『日本大文典』の表現が現在まで継承されているのです。

なお「坂東さ」に変更はありませんでした。それこそ方言（東言葉《あずまことば》）として定着していたからでしょう。ただし昔の人の認識として、「坂東」は大雑把に関東以北（含東北地方）と見た方がいいかもしれません。吉幾三の歌に「俺ら東京さ行ぐだ」とあるのも、それで納得できます。

現代語ではこういった助詞の明確な使い分けはなされていないようです。ただし国語学では、「駅への道」とは言うが「駅にの道」とは言わない、あるいは「遊びに行く」とは言うが「遊びへ行く」とは言わない、また「そこに人がいる」とは言うが「そこへ人がいる」とは言わないなどと説明しています。やはり「に」は場所（目的地）で、「へ」は移動する方向という古典の用法が今でも残っているのでしょう。

嵯峨野の由来

嵯峨野は平安京の郊外に位置していることで、古くから遊興の地あるいは別荘地として多くの貴族たちが訪れています。『枕草子』一六九段には「野は嵯峨野、さらなり」と書かれており、また『能因歌枕』にも「野を詠まば、嵯峨野」とあるように、風光明媚《めいび》な場所として有名でした。

しかも嵯峨野は京都の西に位置していたことで、風水的に秋との結びつきが強固になっています。例えば藤原俊成は喜撰《きせん》法師歌の「都のたつみ」表現を本歌取りして、

秋はまづ都の西をたづぬれば嵯峨野の花ぞ咲きはじめける（長秋詠藻）

と詠んでいます。では秋にふさわしい「嵯峨野の花」とは一体何でしょうか。その答えは僧正遍昭《そうじょうへんじょう》が「嵯峨野にて馬より落ちてよめる」という詞書《ことばがき》で詠んだ、

名にめでて折れるばかりぞ女郎花《おみなえし》我落ちにきと人に語るな（古今集仮名序）

にある「女郎花」でした。

秋の七草にも選ばれている女郎花ですが、ご承知のように決していい香りはしません。むしろ悪臭といっていいくらいです。それが平安人に評価されているのは、まさに『古今集』で確立した観念的な美でしょう。要するに実際の花の美よりも、「女郎花」という名称が言語遊戯的に女性をイメージしている点にあったのです。

そのことは「朱雀院の女郎花合《あはせ》の時に、「をみなへし」といふ五文字を、句のかしらにおきてよめる」という詞書で紀貫之が詠んだ、

小倉山みね立ちならし鳴く鹿の経《へ》にけむ秋を知る人ぞなき（古今集四三九番）

からも察せられます。「をみなへし」の折句にふさわしく、嵯峨野の小倉山が詠まれているからです（ここにまだ紅葉は出ていません）。

この嵯峨野という地名は、嵯峨天皇の離宮があったことに因《ちな》んで命名されたものです。ですから『万葉集』などには出てきません。平安時代、特に嵯峨天皇以降に文学に登場するので、まさに嵯峨天皇ゆかりの地名といえます。ただし注意しなければならないことが

あります。

例えば光孝天皇の芹川《せりかわ》行幸の折に詠まれた、

嵯峨の山行幸《みゆき》絶えにし芹川の千代の古道跡はありけり（後撰集一〇七五番）

がそうです。ここに「嵯峨の山」とあるのは嵯峨天皇のことを喩えているのですが、それが地名と混同されたことで、伏見にある「芹川」が嵯峨野にある川と誤解されてしまっているからです。

もう一例、舒明《じょめい》天皇の歌とされる、

夕されば小倉の山に鳴く鹿は今夜《こよひ》は鳴かず寝ねにけらしも（万葉集一五一一番）

も同様です。歌に「小倉の山」とあることから、単純に嵯峨野にある小倉山を詠ったものと誤解されているようです。しかしながら「小倉山」は普通名詞であり、今でも全国に複数の「小倉山」があります。森があって薄暗い（小暗《おぐら》い）山なら、どれも「小倉山」と呼ばれる可能性があるのです。

舒明天皇の歌にしても、嵯峨野ではなく奈良県桜井市付近の山とされています。ところ

が後に紀貫之が、舒明天皇の歌を踏まえて、

夕月夜小倉の山に鳴く鹿の声のうちにや秋は暮るらむ（古今集三一二番）

と詠じています。こちらは嵯峨野の「小倉山」を詠んでいるのですが、表現が類似していることから、逆に舒明天皇の「小倉の山」が一層嵯峨野の地名と誤解されることになったのです。

ついでながら「小倉山」は「小暗し」との掛詞《かけことば》で詠まれるのが常で、紅葉と一緒に詠まれることはありませんでした。要するに「小倉山」は本来紅葉の名所にふさわしい名称ではなかったのです。それが宇多上皇の大堰川御幸の際、醍醐天皇にも紅葉を見せたいとの仰せを受けて貞信公（藤原忠平《ただひら》）が、

小倉山峰のもみぢ葉心あらば今ひとたびのみゆき待たなむ（拾遺集一一二八番）

と詠じて以来、天皇の大堰川行幸が恒例化したことで、小倉山が紅葉の名所となりました。要するに小倉山が紅葉の名所となるきっかけを作ったのが、この貞信公の歌ということになります。貞信公は嵯峨野観光の大恩人だったのです。

さらに藤原定家が百人一首を編纂《へんさん》したとされる小倉山荘で、

小倉山しぐるるころの朝な朝な昨日は薄きよものもみぢ葉（続後撰集四一八）

と詠んだことから、いつしか小倉山荘には「時雨亭《しぐれてい》」という別称も生じました。こうして秋を代表する嵯峨野・小倉山は、紅葉の名所として確立していったのです。後になって、春にも観光に訪れてもらえるようにと桜が植樹されたことで、秋の嵯峨野というイメージが薄められてしまいました。

あとがき

本書を最後までお読みいただき、ありがとうございました。書かれているテーマや内容には満足していただけたでしょうか。私としては、みなさんの興味をひくような、そしてお役に立てそうなテーマを厳選したつもりです。もちろんそれは真っ先に私の興味をひいたテーマでもあります。私の専門は『源氏物語』や百人一首などの平安文学ですが、むしろそこから離れたテーマがたくさん並んでいるかと思います。それは、専門分野に閉じこもっていてはいけない、狭い視野で物事を判断してはいけないと常々自分に言い聞かせていることが根底にあります。

京都という場所は長い間都であった、いわば日本人のふるさと（古都・原点）のようなところですから、ぜひ四季折々に何度も訪れて、私と同じように京都の空気をじかに吸ってみてください。そして日本の古典文化のほとんどが、お茶もお花も『源氏物語』も『枕草子』も、みんな京都をルーツ（発祥の地）としていることに思いを馳《は》せてください。私自身、本書をまとめているうちに、しばしばそのことを思い知らされました。

貴族から武家へ、武家から町人へと徐々に大衆化していった日本文化ですが、遡《さかのぼ》れば必ずといっていいほど京都の宮廷文化へ辿《たど》りつきます。もちろんそこに中国文化の影響や、京都の盆地気候の特徴など、様々な条件が加味されてはいますが、それを含めた京都の古典文化に目を向けることで、必ずや日本固有のすばらしさに目を開かされるはずです。同時に、それは自《おの》ずから自分自身との出会い（再発見）にもつながっていくことでしょう。

京都は外国人観光客の多いところですが、どうも外国人の方が先に日本文化の良さを理解しているように思えてなりません。既に京都の至る所に日本文化を学ぶ、あるいは教えている外国人がたくさんいます。外国にばかり目を向けていて、大事なものを見過ごしていませんか。どうか自分の足元をしっかり見てください。

本書をお読みになったみなさんがこれをきっかけにして、これから京都の四季や年中行事に、そして日本語の面白さにますます敏感になってくださることを切に願います。そして日本文化の奥深さに触れる喜びを実感してくださることを希望します。

なお私事ですが、同志社女子大学に奉職してちょうど三十年目になりました。そして今年六十五歳になりました。平成のすべてを同志社女子大学で過ごしたわけです。ですから本書は、私にとって人生の大きな区切りの記念出版でもあります。同志社女子大学と妻典子と、そして本書の編集を担当してくださったKADOKAWAの竹内祐子さんに心から御礼申し上げます。もちろんこれからも研究は続けるつもりです。

平成三十年七月六日　今出川学舎デントン館の研究室にて　　吉海直人

吉海直人（よしかい・なおと）

1953年長崎県生まれ。國學院大學大学院博士後期課程単位取得満期退学。博士（文学）。国文学研究資料館助手を経て、同志社女子大学表象文化学部教授。公益財団法人小倉百人一首文化財団理事。専攻は平安朝文学。特に百人一首の悉皆研究をライフワークとしている。また源氏物語は歴史資料や用例を駆使しての論が多い。著書に『「垣間見」る源氏物語』『『源氏物語』「後朝の別れ」を読む』（笠間書院）、『源氏物語の乳母学』（世界思想社）、『百人一首で読み解く平安時代』（角川選書）、『百人一首の正体』（角川ソフィア文庫）、『読んで楽しむ百人一首』（KADOKAWA）などがある。

角川選書 606

古典歳時記《こてんさいじき》

平成 30 年 9 月 21 日　初版発行

著　者　吉海直人《よしかいなおと》

発行者　郡司　聡

発　行　株式会社 KADOKAWA
東京都千代田区富士見 2-13-3　〒 102-8177
電話 0570-002-301（ナビダイヤル）

装　丁　片岡忠彦　　帯デザイン　Zapp! 白金正之

印刷所　横山印刷株式会社　　製本所　本間製本株式会社

KADOKAWAカスタマーサポート
[電話] 0570-002-301（土日祝日を除く11時～17時）
[WEB] https://www.kadokawa.co.jp/（「お問い合わせ」へお進みください）
※製造不良品につきましては上記窓口にて承ります。
※記述・収録内容を超えるご質問にはお答えできない場合があります。
※サポートは日本国内に限らせていただきます。

定価はカバーに表示してあります。

ISBN978-4-04-703657-4 C0395
JASRAC 出 1807810-801

角川選書

この書物を愛する人たちに

詩人科学者寺田寅彦は、銀座通りに林立する高層建築をたとえて「銀座アルプス」と呼んだ。
戦後日本の経済力は、どの都市にも「銀座アルプス」を造成した。
アルプスのなかに書店を求めて、立ち寄ると、高山植物が美しく花ひらくように、
書物が飾られている。

印刷技術の発達もあって、書物は美しく化粧され、通りすがりの人々の眼をひきつけている。
しかし、流行を追っての刊行物は、どれも類型的で、個性がない。
歴史という時間の厚みのなかで、流動する時代のすがたや、不易な生命をみつめてきた先輩たちの発言がある。
また静かに明日を語ろうとする現代人の科白がある。これらも、
銀座アルプスのお花畑のなかでは、雑草のようにまぎれ、人知れず開花するしかないのだろうか。
マス・セールの呼び声で、多量に売り出される書物群のなかにあって、
選ばれた時代の英知の書は、ささやかな「座」を占めることは不可能なのだろうか。
マス・セールの時勢に逆行する少数な刊行物であっても、この書物は耳を傾ける人々には、
飽くことなく語りつづけてくれるだろう。私はそういう書物をつぎつぎと発刊したい。
真に書物を愛する読者や、書店の人々の手で、こうした書物はどのように成育し、開花することだろうか。
私のひそかな祈りである。「一粒の麦もし死なずば」という言葉のように、
こうした書物を、銀座アルプスのお花畑のなかで、一雑草であらしめたくない。

一九六八年九月一日

角川源義

感じる言葉　オノマトペ
小野正弘

わくわく、どきどき、ふわふわ——。感覚を伝える擬音語・擬態語「オノマトペ」。古典から現代に至るまでの使用例を挙げながら、言葉の意味の変遷をたどり、曖昧な意味の根本にある共通点を解き明かしていく。

561　256頁

978-4-04-703561-4

源実朝
歌と身体からの歴史学
五味文彦

甥の公暁に暗殺された悲劇の鎌倉三代将軍・実朝。その実朝は何を信じ、発心して、どう行動したか。それらを『金槐和歌集』『吾妻鏡』『愚管抄』などによって詳細に跡づけ、歴史背景とともに実像を明らかにする。

562　264頁

978-4-04-703562-1

真田信繁
幸村と呼ばれた男の真実
平山　優

諱は幸村か信繁か。真田丸はどんな形態をしていたのか。大坂の陣における東西両軍の意外な事情とは——史料を博捜し諸説を根底から再検証。真田研究の第一人者が「不思議なる弓取」の真実を照らし出す！

563　384頁

978-4-04-703563-8

洛中洛外図・舟木本を読む
黒田日出男

この圧倒的な絵画空間は、いつ誰の注文によって描かれたのか。それを細暖簾、能舞台の演目、家紋、公家の姿、武家行列、二条城での裁判、若松図などの細部から読解。華麗な岩佐又兵衛ワールドを解き明かす！

564　272頁

978-4-04-703564-5

角川選書

戦争と諜報外交
杉原千畝たちの時代
白石仁章

日本が大戦へと向かう中、頭脳で世界と渡り合い、闘った外交官たちがいた。彼らは一体何を見、何を試み、日本をどんな未来へ導こうとしたのか？　外務省に眠る四万冊の資料から、その足跡をあぶり出す。

565 | 192頁

978-4-04-703565-2

怪しいものたちの中世
本郷恵子

社会事業や公共事業を請け負った勧進聖、祈祷師や占い師、芸能者、ばくち打ちや山伏――。夢見る喜びや生きる意味を考える機会を与えた中世の宗教者の知られざる役割を、豊富な事例で解き明かす新しい中世史。

566 | 200頁

978-4-04-703566-9

国際交易の古代列島
田中史生

弥生時代以来、東アジア海域で広域的・重層的に行われた国際交易により、古代社会はどう変わったのか。その実態を、首長層の交易ネットワーク、海商の登場、国家の交易管理と唐物偏重の背景などから探る。

567 | 256頁

978-4-04-703567-6

戦争と広告
第二次大戦、日本の戦争広告を読み解く
森　正人

太平洋戦争中、雑誌には多くの戦意高揚記事が掲載され、また、日本各地で戦争博覧会が開催された。それらは誰の、どんな意図によって作られ、人々はいかに影響を受けたのか。視覚イメージから戦争を読む。

568 | 272頁

978-4-04-703583-6

真田信之
真田家を継いだ男の半生
黒田基樹

戦いから平和への時代転換の中で、真田信之はいかにして真田家の存続を図ったか。政治的な動向と領国支配の実態を明らかにしつつ、沼田城から上田城に本拠を移すまでの半生を史料に基づき丹念に追いかける。

569 240頁
978-4-04-703584-3

忍者の歴史
山田雄司

一口に忍者といっても、時代によってその姿を変えてきた歴史がある。真の忍者とはいかなる者か？ 今まで解明されることのなかった「忍者」の歩みを、忍術書「万川集海」をはじめとする資料から読み解く。

570 272頁
978-4-04-703580-5

日本美術のことばと絵
玉蟲敏子

ことばや文芸、とりわけ和歌は美術にどのように影響を及ぼしたか。文字が絵の中に侵入する蘆手絵、色紙形が貼り交ぜられる書画屛風、宗達の下絵に書かれる光悦の書など日本美術のことばとイメージの交響。

571 272頁
978-4-04-703587-4

武士はなぜ歌を詠むか
鎌倉将軍から戦国大名まで
小川剛生

戦乱の中世、武士は熱心に和歌を詠み続けた。武家政権の発祥地・関東を中心に、鎌倉将軍宗尊親王、室町将軍足利尊氏、江戸城を築いた太田道灌、今川・武田・北条の大名を取り上げ、伝統の足跡をたどる。

572 296頁
978-4-04-703589-8

角川選書

装いの王朝文化
川村裕子

衣服は、いつの時代も、着用している人物の位や性格など、様々な情報を示してきた。『源氏物語』『枕草子』などの記述を手がかりに装束の記号性を読み解き、作品の新たな解釈と古典を読む楽しみを味わう！

573 | 192頁

978-4-04-703575-1

長崎奉行の歴史
苦悩する官僚エリート
木村直樹

松平定信が「長崎は日本の病の一つ」と言うほど治めるのが難しかった長崎。各集団のパワーバランスに注目し、海防やキリシタン禁制、長崎の文化・政治的な葛藤と軋轢について長崎奉行を軸に明らかにする。

574 | 208頁

978-4-04-703574-4

日本思想の言葉
神、人、命、魂
竹内整一

古い言葉をじっくりと読み味わうことで、我々は先人の叡智や、消えゆくものへの静かな眼差しに触れることができる。今日という時代を生きるよすがとなる、美しい言葉の数々が織りなす、日本思想史の新たな地平。

575 | 264頁

978-4-04-703590-4

徳川家臣団の謎
菊地浩之

家康が率いた軍団は、本当に組織的だったのか――。松平・徳川家の歴史をていねいにたどり、「忠節・徳川家臣団」という定説がどのような創作に満ちていたのかを、豊富な史料を用いながら検証する。

576 | 312頁

978-4-04-703598-0

風土記
日本人の感覚を読む
橋本雅之

七一三年の官命によって編纂された「風土記」。全国各地の産物や土地、神話などを記す古代の貴重な資料である。その地誌としての性格をふまえ「風土記」を読み解き、日本人に通底する心のありようを知る。

577 | 208頁

978-4-04-703582-9

羽柴を名乗った人々
黒田基樹

秀吉は、旧織田家臣や旧戦国大名に羽柴名字を与えることで「御一家」と位置づけた。羽柴家の論理による秩序化である。全く新しい武家の政治序列の方法を創出した、秀吉の野望と類い稀な政治手腕を描く。

578 | 264頁

978-4-04-703599-7

コロンブスの不平等交換
作物・奴隷・疫病の世界史
山本紀夫

「コロンブスの交換」が後の歴史に与えた衝撃は計り知れない。交換により生じた様々なドラマを取り上げ、「コロンブスの交換」とは何であったのか、現代世界にどのような影響を与え続けているのかに迫る。

579 | 248頁

978-4-04-703592-8

武田氏滅亡
平山優

甲相越三国和睦構想、御館の乱、高天神城攻防戦という長篠敗戦後の転換点を主軸に、史料博捜と最新研究から、詳述されてこなかった勝頼の成果と蹉跌を徹底検証。戦国史研究に新たなる足跡を刻む決定版！

580 | 752頁

978-4-04-703588-1

角川選書

「国民主義」の時代
明治日本を支えた人々
小林和幸

国民の困難を見ず専制的な政治にかたよる藩閥政府に対峙し、民権派や政党の利己的な行動を非難する政治勢力「国民主義」。彼らが担ってきた役割を検証し、近代国家建設期の日本の多様な姿を描き出す。

581 | 264頁

978-4-04-703573-7

殺生と戦争の民俗学
柳田國男と千葉徳爾
大塚英志

「異端」ゆえに「正統」な、柳田國男の弟子・千葉徳爾。狂気にも似たその研究に迫る渾身の評論。「青年運動」「殺生」「残虐性」など斬新な切り口で柳田の民俗学を捉え直し、現代社会の問題点へも切り込む意欲作。

582 | 392頁

978-4-04-703607-9

足利尊氏
森茂暁

これが「尊氏研究」の最前線！「英雄」と「逆賊」の間を揺れ動き、南北朝動乱を招いた中心人物として解明が進まなかった足利尊氏を徹底研究。発給文書一五〇〇点から見えてくる新しい尊氏像とは。

583 | 256頁

978-4-04-703593-5

葛飾北斎の本懐
永田生慈

北斎展や美術館のオープンなど、注目が集まる葛飾北斎。しかし日本では数十年前までほとんど注目されていなかった。なぜか？ 海外での高評価が逆輸入された背景と、終生不撓不屈を貫いた絵師の実像に迫る。

584 | 208頁

978-4-04-103845-1